# 100 % Verantwortung

## So bekommen Sie die Mitarbeiter, die Sie verdienen

**Dieses Buch widme ich meiner geliebten Frau Ulrike.**

**Danke für Deine Liebe und Dein Verständnis!**

xxx

Rudolf Bojahr

# 100 % Verantwortung

### So bekommen Sie die Mitarbeiter, die Sie verdienen!

*Bibliografische Information der Deutschen Nationalbibliothek:*

*Die Deutsche Nationalbibliothek verzeichnet diese Publikation in der Deutschen Nationalbibliografie; detaillierte bibliografische Daten sind im Internet über http://dnb.dnb.de abrufbar.*

2. Auflage Juni 2014

© 2014 Rudolf Bojahr

Illustrationen und Übersetzungen: Rudolf Bojahr

Herstellung und Verlag: BoD – Books on Demand, Norderstedt

ISBN: 978-3-7322 -9709-2

# Inhalt

| | |
|---|---|
| VORWORT | 9 |
| MUSIK UND VERÄNDERUNG | 11 |
| WAS IST FÜHRUNG? | 14 |
| DIE KOMPLEXITÄTSFALLE | 16 |
| GEHIRNE KÖNNEN ALLES! | 21 |
| VERANTWORTUNG UND FREIHEIT | 23 |
| VON NARREN UND IHREN WERKZEUGEN | 25 |
| DER PERFEKTE CHEF | 29 |
| FÜHRUNG EINMAL GANZ EINFACH | 33 |
| WER SIND SIE ALS FÜHRUNGSKRAFT? | 34 |
| Aktiv oder passiv? | 36 |
| Stärken und Schwächen | 37 |
| Effektiv und effizient | 39 |
| Führen – nicht managen | 40 |

## KONTROLLE IST GUT, VERTRAUEN IST BESSER — 43

### Der Klebstoff eines Unternehmens — 44

### Vertrauen und Zutrauen — 46

## WIRKSAM KOMMUNIZIEREN — 49

### Inhalt oder Struktur? — 53

### Das „Wie" entscheidet — 54

## LEKTION 1 DER „FÜHRSCHULE" — 59

### Die sechs Prinzipien menschlicher Führung — 60

### Jeder in seiner Welt — 61

### Menschen haben alles — 65
- ... wollen aber manchmal nicht — 66
- Was müssen wir – was dürfen wir — 69

### Mensch als ganzheitliches Wesen — 74

### Positive Absicht jeden Verhaltens — 79

### Nach bestem Wissen und Gewissen — 83

### Dann mach' etwas anderes — 86

### Werden Sie wach! — 89

## BETONEN SIE STÄRKEN — 92

## WIE ANDERS KANN MAN DENN SEIN? — 94

| | |
|---|---|
| **Motivationsstrategien** | **96** |
| Die Quelle der Motivation | 96 |
| Das Niveau | 99 |
| Die Richtung | 100 |
| Der Grund | 102 |
| Die Entscheidung | 104 |
| Die Empfehlung | 105 |
| **Informationsstrategien** | **106** |
| Die Orientierung | 107 |
| Die Größe | 110 |
| Die Richtung der Aufmerksamkeit | 112 |
| Die Regeln | 113 |
| Das „Sich-Überzeugen" | 115 |
| **Die diamantene Regel** | **116** |

## ZWISCHENSPIEL 118

## LERNEN IST VERÄNDERUNG 119

**Nur mit Begeisterung** 121

**An Beispielen lernen** 123

## VERÄNDERUNG GANZ LEICHT 126

**Die sechs logischen Ebenen** 126

**Wenn Sie wissen „wie"** 130

**Wie schnell geht Veränderung?** 134

**Die wichtigste Frage der Menschheit** 136

## SO BLEIBEN SIE IM GESPRÄCH 139

… „Ja!"  139

… „Aber"  139

… „Nein"  140

… „Warum"  140

## ERKENNE DICH SELBST! 144

## ES SIND IHRE MITARBEITER 147

## EMPFEHLUNGEN ZUM WEITEREN STUDIUM 150

**Neurobiologie und Lernen**  150

**Mensch und Welt**  151

**Kommunikation**  152

**(Selbst-)Management**  152

## ÜBER DEN AUTOR 154

## BIBLIOGRAFIE 155

## FUßNOTEN UND ANMERKUNGEN 159

# Vorwort

Was würde ich Führungskräften mit auf ihren Weg geben? Welche meiner Erfahrungen, Best Practices, wie es heute heißt, würde ich vermitteln?

Was brauchen moderne Führungskräfte, um in dieser neuen Welt, dem Zeitalter der Vernetzung, zu bestehen und erfolgreich zu sein?

Anfang 2013 durfte ich einen Vortrag vor vierzig Führungskräften halten. Da ich in der Wahl meines Themas frei war, überlegte ich, was ich Menschen in Führungsverantwortung über meine Arbeit und meine Erfahrungen als Vorgesetzter und Chef erzählen würde.

Ich entschied mich, den Gebietsdirektoren in den mir zur Verfügung stehenden vier Stunden einen außergewöhnlichen Blick hinter die Kulissen erfolgreicher Führung zu geben. Ich wollte Ihnen keine Techniken, keine Methoden und auch keine Checklisten vortragen, welche dann doch nur zusammen mit dem Foliensatz in die unterste Schreibtischschublade wandern würden.

Das, was ich diesen Menschen zu sagen hatte, sollte so kompakt, wichtig und einfach sein, dass seine Anwendung sofort und nachhaltig ist.

Mittlerweile habe ich den Vortrag mehrfach vor Führungskräften gehalten. Er ist die Grundlage dieses Buches, das Sie jetzt lesen.

Aufgabe einer Führungskraft ist es, Mitarbeiter zu führen. Dieses besondere zwischenmenschliche Verhältnis zu gestalten, ist auch jetzt noch in vielen meiner Projekte als Berater und in meiner Tätigkeit als Führungskraft und Coach eine besondere Herausforderung. Oft bittet man mich, gerade da zu helfen, wo Mitarbeiter und Chefs nicht mehr miteinander können oder wollen.

Für Führungskräfte oder solche, welche es noch werden wollen, habe ich dieses Buch geschrieben. Sie sollen einen Einblick in die wichtigsten Prinzipien positiver Menschenführung erhalten. Wenn Sie mit bereits vorhandenen Mitarbeitern besser kommunizieren wollen, wenn Sie Ihren Beziehungen zu Ihrem Team oder einzelner Mitglieder ein neues Fundament geben wollen, dann sollte Ihnen dieses Buch wertvolle Tipps, Hinweise und auch Anleitungen geben.

Hier geht es nicht um Theorien, um Stile oder Führungsmethoden. Es ist ein Buch aus der Praxis für die Praxis, frei von theoretischem Ballast, und doch mit Tiefgang. Alles, was ich Ihnen empfehle, habe ich selbst erprobt und von Mitarbeitern und Führungskräften ein positives Feedback erhalten.

Erklären könnte ich das eine oder andere schon noch ausführlicher, doch – was nützt es Ihnen. Wo es für das Verständnis eines Prinzips unerlässlich ist, gehe ich in die Tiefe und erkläre die Hintergründe.

Ich gebe Ihnen keine Gehhilfen an die Hand; ich glaube, Sie können alleine laufen.

Ich werde Ihnen nicht alles vorkauen. Im Menü, das ich Ihnen serviere, gibt es auch Bissfestes, Gedanken und Tipps „al dente".

Damit Muskeln nicht atrophieren d.h. schwinden, müssen diese benutzt werden. Insofern ist dieses Buch auch Training.

Ich wünsche Ihnen nun viel Spaß beim Lesen, viele Erkenntnisse und tiefgründige Gedanken.

Wirklich etwas bewegen können Sie nur durch Ihr Handeln.

*Ein Hinweis für meine Leserinnen: Ich habe mir erlaubt, auf die zusätzliche Nutzung der weiblichen Form eines Substantives zu verzichten. Das dient ausschließlich der besseren Lesbarkeit. Beim Schreiben habe ich sehr wohl an Chefinnen, Leiterinnen und Mitarbeiterinnen gedacht. Bitte denken Sie die weibliche Form immer mit. Vielen Dank für Ihr Verständnis.*

# Musik und Veränderung

Meine Geige habe ich mit auf der Bühne, wenn ich einen Vortrag halte oder ein Seminar gebe. Mit Musik unterhalte ich mein Publikum – und ich demonstriere wichtige Prinzipien.

Eines dieser Prinzipien mache ich mit Jazz-Musik und Irish Folk hörbar: Es gibt kein „richtig" und kein „falsch" sondern nur: „es funktioniert" oder „es funktioniert nicht".

Sobald ein Ton einmal nicht passt, wird er schnell verändert. Dann gibt es Slides[1], Durchgangsnoten und Verzierungen. Und dann hört es sich so an, als sollte es gar nicht anders sein.

Das Prinzip lässt sich kurz so formulieren:

**Wenn etwas nicht funktioniert, dann mach' etwas anders!**

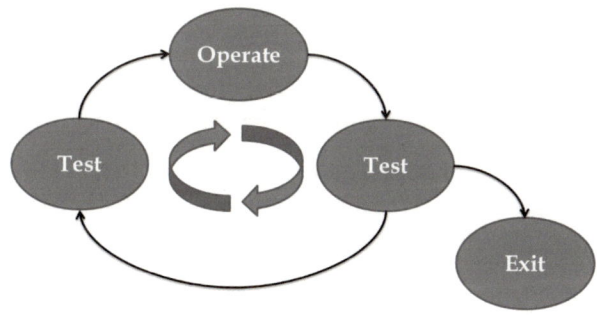

Sie kennen es vielleicht bereits als das „T.O.T.E.-Prinzip". – Mit Leichen im Keller hat es nichts zu tun. Deswegen die Punkte.

Es ist die Abkürzung für „Test, Operate, Test, Exit": Prüfen, **Ändern**, Prüfen, Ausgang.

Falls Sie jetzt sagen: „Aha –Trial and Error, Versuch und Irrtum", dann hätten Sie etwas Wichtiges übersehen. Es findet eine Veränderung statt.

Es geht nicht einfach nur darum, etwas zu versuchen, und festzustellen, dass es nicht funktioniert. Sie dürfen etwas ändern und dann diese Veränderung bewerten!

In meinen Seminaren hören Teilnehmer eine ganze Reihe Beispiele aus der Musik. Diese kleinen musikalischen Einlagen machen eines deutlich: Es geht in der Musik wie in der Menschenführung darum, aufeinander zu hören und gemeinsam ein Ergebnis zu produzieren. In beiden Domänen ist es besonders wichtig: Sollte einmal etwas nicht funktionieren, dann sofort etwas anderes zu machen.

Jazz hat auch noch eine andere Botschaft: Freiheit! Jeder Instrumentalist bekommt in einem Stück die Gelegenheit zu improvisieren und seine ganz besondere Individualität auszudrücken. Doch das Ganze geschieht nach festen Regeln, die jeder Musiker kennt und auch einhält.

Als Geiger bin und war ich in Ensembles öfters Leiter und Konzertmeister. Ich weiß, wie wichtig es ist, zuzuhören und dem Team Impulse zu geben, die dann für alle Mitglieder funktionieren müssen.

Und ein Ensemble funktioniert nur, wenn alle aufeinander eingehen und einander gerecht werden, so unterschiedlich die Menschen und ihre Instrumente auch sein mögen.

Analogien zur Musik gibt es in meiner Tätigkeit als Coach, Trainer und Berater viele. Hier habe ich mit Menschen zu tun, wir führen uns gegenseitig, indem wir aufeinander hören und aufeinander eingehen.

Wie in der Führung befinden sich beim Musizieren Menschen oft in einer für sie herausfordernden Situation und benötigen dann die Unterstützung eines Lehrers, eines Dirigenten oder der Gruppe. Das Orchester trägt und unterstützt seine Solisten.

Über Töne werden Gefühle erzeugt. Doch dass auch Bilder eine Rolle spielen, ist vielen Nicht-Musikern unbekannt. Vielleicht haben Sie den Begriff *Klangfarbe* schon einmal gehört oder haben beim Hören einer Brahms-Sinfonie vor Ihrem inneren Auge eine Berglandschaft oder einen Wald gesehen. Musiker haben oft bildliche Vorstellungen im Kopf, wenn sie Töne und Gefühle produzieren.

Eine erfolgreiche Führungskraft verwendet die gleichen Mittel wie ein Musiker. Führen funktioniert über dieselben Sinneskanäle, und Sie führen die meisten Menschen über Visionen, also mit Bildern. Mit Tönen, Ihrer Sprache, erzeugen Sie in Ihren Mitarbeitern, Bilder und Gefühle.

Vor 30 Jahren habe ich die von Harald Genzmer[2] 1938 komponierte Violinsonate studiert und fand einfach keinen Zugang. Die Musik sprach mich nicht an, ich konnte mit den Tönen gar nichts anfangen. Mein Lehrer hat mich damals auf eine Verwandtschaft dieser Musik mit der des Jazz-Trompeters Miles Davies aufmerksam gemacht. Plötzlich hatte ich Bilder, ein Gefühl und den Klang von Miles im Kopf und fand meinen Weg zu dieser Art von Musik.

Als ich bei einer Matinee dann dieses Stück aufführte, hatte ich Miles Davis die ganze Zeit vor meinem geistigen Auge. Der Erfolg war überwältigend. Ich höre heute noch den tosenden Applaus, sehe begeisterte Gesichter und fühle Stolz.

Gerade dort, wo es Krisen, Herausforderungen und Probleme gibt, sind meist Motivation, Handlung und zuvor ein Überblick erforderlich. Führungskräfte müssen dann fähig sein, erfolgreich zu kommunizieren. Sie brauchen Fertigkeiten, um Menschen zu bewegen, damit diese etwas ändern - und damit verbessern.

Wenn Menschen sich nicht ändern, werden sie die gleichen Ergebnisse erhalten wie zuvor.

**Wenn Du andere Ergebnisse erhalten willst als bisher, darfst Du etwas anderes machen!**

# Was ist Führung?

Motivation dieses Buches sind die Herausforderungen einer Führungskraft im 21. Jahrhundert. Doch bevor ich auf diese Herausforderungen zu sprechen komme, möchte ich gern das Verständnis für „Führung" mit Ihnen abgleichen und schärfen. Selbst der Begriff „Führungskraft" ist nicht selbsterklärend.

Was also ist Führung?

Eine Definition von Menschenführung lautet:

**Führen heißt: Menschen dazu zu bewegen, etwas zu tun, was sie aus freien Stücken nicht getan hätten.**

Insofern ist Menschenführung immer auch ein Stück Beeinflussung, denn ohne die Einflussnahme hätte sich der Geführte nicht auf eine spezifische Art und Weise verhalten.

*Keep it small and simple!*

Ich mag diese Definition: sie ist einfach und trifft das Wesentliche.

Diese Definition ist eine klare und anwendbare Formel, welche nicht an der Anwendung einer Methode gemessen werden kann. Sie führen Menschen, sobald Sie diese dazu bringen, etwas zu tun, was sie von sich aus nicht getan hätten. Jede Methode ist dazu recht.

Eine andere Definition, welche die Herausforderungen adressiert, ist diese hier:

**Führung ist Komplexitätsreduktion.**

Diese Definition erscheint einfacher, ist sie doch kürzer. Jedoch beinhaltet sie in ihrer Einfachheit Fragen, welche es zu beantworten gilt:

*Was ist Komplexität? Was heißt Reduktion? Wer reduziert wie? Und wo ist hier der andere Mensch?*

Sie sehen: in der scheinbaren Kürze liegt doch keine „Würze". Hier gibt es nur „schwere Kost".

Zudem wird Ihnen während der Lektüre dieses Buches noch klarer werden, warum die erste Definition von Führung einer Führungskraft eher „liegt" und gerecht wird. Die erste richtet sich nämlich auf ein Ziel, wogegen die zweite in die gleiche Richtung, aber im Bewusstsein von etwas weg strebt. Sie versucht, Komplexität zu vermindern bzw. zu vermeiden.

Der Begriff **„Führungskraft"** betont das Potential, die Fähigkeit zu führen. Im Verständnis dieses Buches ist jeder, der Menschen führt, eine Führungskraft.

Und wie Sie noch lesen werden, führt jeder – auf die eine oder andere Weise – Menschen. Also ist jeder eine Führungskraft.

Im Besonderen sind diejenigen Führungskräfte, welche eine besondere Führungsverantwortung gegenüber Menschen tragen, deren berufliche Ziele an erfolgreicher Menschenführung gemessen werden.

# Die Komplexitätsfalle

Wir stecken in einer Falle, und diese Falle haben wir selbst aufgestellt. Das zumindest meint Prof. Dr. Peter Kruse von der Universität Bremen[3]. Diese Falle ist die durch zunehmende Vernetzung explosionsartig angestiegene Komplexität durch Internet, soziale Netzwerke, Individualisierung, Verflachung der Unternehmenshierarchien, welche wir jetzt nicht mehr beherrschen können.

Früher waren Hierarchien weniger durchlässig, heute können Sie sich nicht mehr sicher sein, dass eine Information, die Ihnen Ihr Chef gibt, nicht schon längst Ihren Mitarbeitern bekannt ist. Vorstände und einfache Arbeiter kennen sich, sind miteinander vernetzt.

In Anlehnung an einen größten anzunehmenden Unfall in einem Atomkraftwerk nennt Prof. Kruse es die Kernschmelze und erklärt, dass nun Führen im klassischen Sinne unmöglich sei. Wir bräuchten ein neues Paradigma für das Führen von Menschen.

Um dieses Dilemma greifbar zu machen, bezieht er sich auf William Ross Ashby[4], einem Psychiater und Kybernetiker, welcher ein „Gesetz gegensätzlicher Komplexität" formuliert hat. „Nur ein System mit größerer Komplexität kann ein komplexes System beherrschen."

Ich möchte das etwas präziser fassen, da es ein wichtiges Prinzip offenlegt:

*„In der Kybernetik bezeichnet man eine Zunahme (wachsenden Vorrat) an* **Wirk-, Handlungs- und Kommunikationsmöglichkeiten** *eines Systems mit dem Begriff der zunehmenden* **Varietät**. *Gemäß William Ross Ashby dient die Varietät der Messung von Komplexität eines Systems."*[5]

William Ross Ashbys Gesetz der erforderlichen Variation (*Law of Requisite Variety*) von 1952 besagt nun, dass nur ein System mit noch größerer Handlungsvielfalt Störungen in einem System ausgleichen kann.

Ein Beispiel soll Ihnen das erläutern: Betrachten Sie einmal einen fünfjährigen Jungen als komplexes System, mit einem „wachsenden Vorrat an Wirk-, Handlungs- und Kommunikationsmöglichkeiten".

Wenn wir ehrlich sind, ist er genau das. Kinder in diesem Alter können eine echte Herausforderung sein – zum Beispiel beim Einkaufen. Vielleicht haben Sie das schon einmal erlebt: Da wirft sich dieser kleine Junge an der Kasse, wild um sich schlagend und heulend, auf den Boden und schreit: „Ich will aber einen Lutscher."

Papa oder Mama beherrschen die Situation überhaupt nicht, versuchen es mit „Du hattest heute schon ein Eis!" und „Wenn Du nicht damit aufhörst, bekommst nie wieder irgendetwas!". Manchmal beachten sie den Kleinen gar nicht mehr.

Hätten die Eltern einen größeren Vorrat an „Wirk-, Handlungs- und Kommunikationsmöglichkeiten" als der Junge, könnten Sie diese „Störung" ausgleichen. Da die Eltern diese Varietät aber offensichtlich nicht haben, kontrolliert der Junge die Situation.

Betrachten wir Menschen und Ihre Organisationen als komplexe Systeme, dann gilt auch hier Ashbys Gesetz und wir können es so formulieren:

**Derjenige mit der größeren Flexibilität in seinem Verhalten, kontrolliert das gesamte System.**

Ein komplex-vernetztes System ist ein sogenanntes nichtlineares System[6] und zeigt ein chaotisches Verhalten. Exakte Vorhersagen, wie bei einem linearen System, sind hier nicht mehr möglich.

Sollten Sie etwas planen oder mit diesem System ein Ziel vereinbaren wollen; Sie können das gerne versuchen. Nur kann und wird Ihnen niemand diese Zielerreichung gewährleisten.

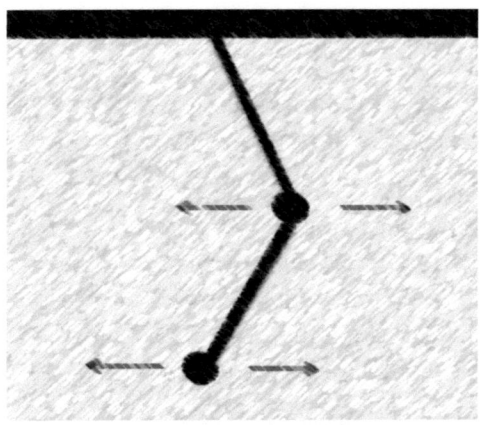

1 – Ein Doppelpendel vollführt chaotische Bewegungen

Wenn Sie ein nichtlineares System gern kennenlernen möchten, dann schauen Sie sich ein Doppelpendel an[7]. Ein Doppelpendel ist ein freischwingender Stab (physikalisches Pendel), an dessen Ende ein weiteres physikalisches Pendel (freischwingender Stab) angebracht ist.

Anhand dieses nichtlinearen Systems können Sie sehen, dass in einem solchen System Prognosen unmöglich sind.

Sie können es in Bewegung setzen und es zeigt chaotische Bewegungsmuster. Niemand kann vorhersagen, in welchem Moment das Pendel welche Bewegung ausführen wird. Dieses Verhalten bezeichnen wir auch als chaotisch.

Mustererkennung, Prognose und Planung sind gestern und auch heute noch Aufgaben von Führung. Das sei jedoch nicht mehr möglich, sagt Prof. Dr. Kruse. Und deshalb sei Führen im klassischen Sinne nicht mehr möglich.

Nach Prof. Kruse wird die Gestaltungsmacht innerhalb eines komplexen Netzwerkes vom Kollektiv nicht von den Hierarchien verliehen.

Er hat angehende und junge Führungskräfte repräsentativ befragt, welche Kriterien darüber entscheiden, ob sie eine Führungsposition in einem Unternehmen annehmen. Das Ergebnis kann überraschen: Sicherheit, Stabilität, Status in der Hierarchie sind es nicht mehr. 50 % der befragten Menschen schätzen Freiheit, Offenheit und kommunikatives Miteinander höher ein. Ob die Befragten nun Berufsanfänger oder bereits in einer Führungsposition sind, das macht in ihrer Bewertung keinen Unterschied.

In den Ergebnissen der Befragung wird der notwendige Paradigmenwechsel beim Thema „Führung" sichtbar, fast körperlich spürbar. Um diese zunehmende Vernetzung und Komplexität zu bewältigen, müssen wir weg vom hierarchischen Führungs-Paradigma. Anweisungen, welche von oben nach unten erfolgen, erfordern Voraussicht und Planung. Das ist so jedoch nur noch bedingt möglich.

Das klassische Paradigma der Führung geht vom vorhersagbaren Verhalten der Menschen aus. Jetzt benötigen wir komplexere Reaktionsmuster im hier und jetzt, um dem chaotischen Verhalten der Gruppe oder des Einzelnen etwas entgegen zu setzen.

Das neue Führungsparadigma muss ein nicht-hierarchisches sein, nicht unbedingt flach, vielleicht mehrdimensional, auf jeden Fall nicht von oben nach unten organisiert.

Sie haben keine Chance, ein komplexes Netzwerk wirksam von außen zu beeinflussen. Sie müssen selbst Teil des Netzwerks werden, um emotionale Resonanz zu erzeugen. Soweit Prof. Kruse.

Es ist möglich „anders" zu kommunizieren, zu reagieren, zu handeln und zu wirken. Doch wir nutzen zurzeit unsere bereits vorhandene Varietät nicht oder nur unzureichend.

Erinnern Sie sich an den kleinen Jungen. Sobald die Eltern ihren Vorrat an Wirk-, Handlungs- und Kommunikationsmöglichkeiten erhöhen, kontrollieren sie wieder das System „Eltern – Kind".

Wie Sie Ihre Varietät erhöhen, wieder ins Handeln kommen, das ist Thema dieses Buches.

Eine der zentralen Aufgaben von Führung war und ist das Erkennen von Mustern. Danach wurde früher ein Ziel und eine Handlung abgeleitet und dann Wissen zur Verfügung gestellt, damit dieses Ziel auch erreicht wurde.

Die moderne Führungskraft in einer vernetzten Welt erkennt zwar die Muster, doch eine Vorhersage, wie diese in wenigen Tagen, Monaten oder Jahren aussehen werden, ist nicht mehr möglich. Ziele können zwar definiert werden, doch im klassischen Sinne sind sie nicht mehr erreichbar, realistisch, terminiert, nicht SMART[8] - also ungültig.

Wenn der Chef kein gültiges Ziel beschreiben kann, wie könnte er das Erreichen dieses nicht definierten Ziels einfordern oder sicherstellen? Unmöglich!

Ziele können heute nicht mehr mit absoluter Sicherheit gehalten werden. Nur auf einer sehr hohen Ebene können Führungskräfte heute noch Ziele definieren und dann Orientierungswissen zur Verfügung stellen. Dieses Wissen dient dazu, dass Mitarbeiter in bestimmten Situationen schneller und selbständig entscheiden.

Den Begriff „Orientierungswissen" verwendet Prof. Dr. Hans-Peter Dürr, emeritierter Physiker, welcher eine Notwendigkeit vom Verfügungswissen hin zum Orientierungswissen sieht. Diese bringt eine „Verbesserung im Erfassen des größeren Zusammenhangs"[9].

Wir wollen und haben mehr Freiheiten, und deshalb benötigen wir auch mehr Wissen zur Orientierung, denn vor welchen Herausforderungen wir gestellt werden, welche Aufgaben wir zur lösen haben, ist nicht von vornherein klar. Eine moderne Führungskraft ist somit mehr Impulsgeber, mehr Sinnstifter und Coach.

# Gehirne können alles!

Es gibt sehr wohl Möglichkeiten ein Netzwerk absichtsvoll zu steuern, seiner Entwicklung und Dynamik eine Richtung zu geben. Das beste Beispiel hierfür ist unser Gehirn.

Unser Gehirn ist hochgradig komplex: Jedes der bis zu 100 Milliarden Neuronen ist mit bis zu 10.000 anderen verknüpft. Allein in der Großhirnrinde gibt es bis zu 500 Billion Verknüpfungen – das ist eine 5 mit 14 Nullen. Die Anzahl der möglichen Verknüpfungen im Gehirn übersteigt die Anzahl aller Atome im bekannten Universum[10].

Zudem gibt es außer der hochgradigen Vernetzung in unserem Gehirn - wie in einem sozialem Netzwerk – **Impulsgeber** und **Bewertungen**. Wie Sie jeden Tag erfahren können, gibt es in diesen sozialen Netzwerken ausreichend Impulsgeber. Doch gerade beim Thema „Bewertung", darf in Zukunft bei Facebook und Co. noch einiges passieren – hier sind bisher Bewertungen eher trivial und wenig aussagekräftig.

Zu werten war und bleibt eine Domäne von Führung: Was sind die gemeinsamen Ziele und bringen uns Vernetzung und Impulse ihnen näher? Funktioniert es, oder funktioniert es nicht?

Das wichtigste, was unsere Gehirne tun, ist, dass sie voneinander lernen und sich gegenseitig beeinflussen. Gehirne sind komplexe Organisationen, die sich jeden Tag zu jeder Zeit gegenseitig – ein Gehirn das andere – beeinflussen, Impulse geben und anregen.

Um jemand anderen zu beeinflussen, nutzt unser Gehirn Bilder, Assoziationen, Geräusche, Gefühle – das gesamte Repertoire. Insofern genügt unser Gehirn dem Gesetz der erforderlichen Varietät von Ashby.

Und deshalb müssen wir auch nicht, angesichts unserer alten Werkzeuge, aufgeben und sagen „Das geht nicht!" Weil unser Gehirn so mächtig ist, gibt es durchaus Möglichkeiten, Menschen und ihre Organisationen zu führen.

Unsere Gehirne sind aufgrund ihrer Komplexität in der Lage intelligente Strukturen und Führungsmittel zu entwickeln, damit wir Netzwerke beeinflussen und führen können.

Nur müssen wir zunächst in die Organisation eintauchen, in Resonanz mit dem Netzwerk treten, uns einschwingen, es verstehen. Damit uns das gelingt, dürfen wir zunächst unser Gehirn verstanden haben. Der Schlüssel liegt in der „gehirngerechten"[11] Führung von komplexen Organisationen.

# Verantwortung und Freiheit

Im Prinzip führt jeder Mensch jeden Tag andere Menschen. Wir beeinflussen uns gegenseitig und bringen uns gegenseitig dazu, Dinge zu tun, welche wir ohne diesen Einfluss nicht getan hätten. Und – das ist auch gut so! Im Laufe dieses Buches wird Ihnen das, so hoffe ich, immer deutlicher werden.

Bei der Recherche nach guten Zitaten finde ich häufig einige sehr treffende des irisch-britischen Dramatikers, Politikers, Satirikers, Musikkritikers und Pazifisten George Bernhard Shaw. Er erhielt 1925 den Nobelpreis für Literatur und 1939 den Oscar für das beste adaptierte Drehbuch. Von ihm ist folgendes Zitat überliefert:

*Liberty means responsibility.*
*That is why most men dread it.*[12]

**Freiheit bedeutet Verantwortung.**
**Deshalb fürchten sie die meisten Menschen.**

Ich nehme mir die Freiheit und drehe das Ganze einfach einmal um. Jetzt gilt auch:

**Verantwortung bedeutet Freiheit!**

Sobald Sie Verantwortung für sich und Ihr Leben, für eine Organisation, für ein Unternehmen, für Menschen übernehmen, bekommen Sie auch die Freiheit zu gestalten.

Wollten Sie eine wichtige Botschaft dieses Buches in einem Satz zusammenfassen, dann könnte diese so lauten: **Durch Verantwortung bekommen Sie Macht, Mittel und die Freiheit, Menschen zu führen.**

Vielleicht haben Sie schon bemerkt, dass bei der Beschreibung von Geschehnissen, vorwiegend Verben genutzt werden, welche davon ausgehen, dass die Gründe im Außen zu finden sind: „Es ist einfach passiert, er hat Stress, er hat die Grippe bekommen, ..." - Von wem, wer hat sie ihm gegeben? – Virenbefall! Haben Sie einmal darüber nachgedacht, dass es die Viren allein nicht sein können? Sonst wären Ärzte den ganzen Tag krank.

**Kehren Sie die Richtung Ihrer Suche ab heute einfach um!**
**Suchen Sie Gründe im Innen!**
**Seien Sie der Grund Ihres Erlebens!**

Im Verlauf dieses Buches werden Sie noch einiges lesen, das als Werkzeug geeignet ist und Ihnen hilft, Mitarbeiter effektiv zu führen. Erfolgreich Menschen führen, werden Sie jedoch nur, wenn Sie anfangen, für alles, was Ihnen begegnet oder zustößt, passiert, widerfährt, die Verantwortung zu übernehmen. Ja, einfach für alles!

Sie glauben das nicht? Ja, Sie müssen schon etwas ändern wollen.

Dazu ist eine Änderung Ihres Bewusstseins nötig, nicht das Annehmen eines neuen Führungsstils oder das Erlernen einer anderen Methode. Und es scheint auf den ersten Blick einfacher zu sein, eine Methode zu erlernen, als seine Einstellungen oder sein Bewusstsein zu ändern.

Doch, Sie brauchen keine großen Anstrengungen, um alte Gewohnheiten abzulegen oder fehlendes Bewusstsein aufzubauen. Dieses Buch zeigt Ihnen Abkürzungen.

# Von Narren und ihren Werkzeugen

In meinen Vorträgen und Seminaren frage ich die Teilnehmer, wer nach seinen bisherigen Trainings und Seminaren mehr als 50 % des dort vermittelten Wissens hat anwenden können. Die Antwort ist angesichts der pro Jahr auf 25 Mrd. Euro geschätzten Aufwendungen für die betriebliche Weiterbildung in Deutschland[13] erschreckend: Niemand!

Mir ist bisher kein einziger Mensch begegnet, der aus seinen besuchten Seminaren mehr als 50 % verwertbares Wissen nach Hause getragen hätte! Übrigens: ca. 750 Mio EUR pro Jahr gehen in die Weiterbildung von Führungskräften.

Da draußen gibt es eine Menge Gurus, die Ihnen sagen, wie Führung funktioniert. Es gibt Menschen, die anderen Menschen sagen „Lass das", „Tu' dies", „Mach' jenes" – und grundsätzlich ist das nicht verkehrt. Es gibt Menschen, die das brauchen.

Diese Menschen sind prozedural. Diesen Menschen muss gesagt werden, was zu tun ist und was sie zu lassen haben. Sie brauchen Prozeduren, Vorgaben, Checklisten mit deren Hilfe sie ihre Arbeit erledigen und Leben erlebbar machen. In einer Welt ohne Liste, ohne ein „1., 2., 3." wären diese Menschen verloren.

Falls Sie jetzt einen kleinen Widerstand in sich verspüren, dann liegt es möglicherweise daran, dass Checklisten für Sie nur bedingt und eher für andere Menschen, z.B. für Ihre Mitarbeiter Sinn machen. Sie jedoch halten sich äußerst ungern an starre Abfolgen. Sie lieben es, wie ich, sich eher abseits der vorgegebenen und ausgetretenen Pfade zu bewegen. Sobald Sie eine Checkliste in die Hand bekommen, schauen Sie wahrscheinlich erst einmal, wo und wie Sie diese verbessern, optimieren und noch anders einsetzen können.

Führungskräfte sind ein besonderer Typus Mensch. In der Regel sind Chefs nicht „prozedural" sondern „optional", d.h. sie nutzen Optionen, Möglichkeiten, Gelegenheiten, welche sich ihnen situativ bieten. Diese Optionen sind vorher nicht definiert, können deshalb nicht in Checklisten festgehalten und dann abgearbeitet werden. Sie sind eher neu, einmalig und/oder noch unbekannt.

Eine typische Führungskraft schaut eher, was sie anders oder besser machen kann. Sie nimmt Gelegenheiten wahr und kümmert sich nur wenig um Checklisten und Prozeduren, welche die eigene Arbeit betreffen.

Die meisten Leadership- und Management-Trainings adressieren jedoch genau die prozeduralen Ebenen. Sie geben den Führungskräften Methoden an die Hand: wenn A dann B, nach B folgt C. Und dann bekommen Sie Werkzeuge, vielleicht einen Hammer in die Hand, und sehen überall einen Nagel. Natürlich bekommen Sie mit einem Hammer auch eine Schraube in die Wand, aber eben nicht jede; und Holz sägen können Sie damit schon einmal gar nicht.

Eine alte Informatiker-Weisheit lautet:

„A fool with a tool is still a fool". Ein Narr mit einem Werkzeug ist immer noch ein Narr.

Sie dürfen lernen, in welchen Situationen das entsprechende Werkzeug und Methode angebracht ist, und in welchen weniger.

Einmal von Führungskraft zu Führungskraft: Was nützt es Ihnen, wenn Sie eine Methode, eine Prozedur und eine Checkliste an die Hand bekommen, deren Anwendung Ihnen nach einiger Zeit nicht mehr wichtig noch richtig erscheint?

Ein echtes Führungskräfte-Training muss und kann nur auf einer anderen Ebene, nicht auf Ebene der Prozeduren und Methoden stattfinden. Das ist eine meiner Prämissen und eine der Vorannahmen dieses Buches und meiner Trainings.

In meinen Seminaren würden Sie ein ganzes Paket „Methoden und Prozeduren" von mir erhalten, welche Sie schnell anwenden können. Doch viel wichtiger sind für Sie, als optionale Führungskraft, die feinen Botschaften hinter meinen Worten, welche Ihre Einstellung zur Menschenführung oder neudeutsch Ihr „Mind Set for Leadership" adressieren.

Und oft ist weniger mehr. Sie werden von mir nur ganz wenige wichtige Botschaften immer wieder übermittelt bekommen. Sobald Sie diese einfachen Botschaften verstanden haben, können Sie das Gelernte auch anwenden.

Mit einem Buch, einer CD oder einem Video kann ich Ihnen Botschaften senden und nichts von Ihnen empfangen. So kenne ich Ihre Ausganglage nicht und mir bleibt nur – ganz allgemein – Mittel und Wege aufzuzeigen, wie Sie dieser erfolgreichen Einstellung als Führungskraft ein großes Stück näher kommen.

In einem Coaching kann ich den einzelnen Menschen besser und schneller verstehen, erhalte ein Feedback und kann mein Vorgehen so ändern, bis es individuell passend ist.

Das ist übrigens auch ein ganz wichtiges Prinzip der Menschenführung: Lerne den Menschen kennen, um ihn oder sie dazu zu bewegen, etwas anders als bisher zu machen, damit sie in ihrem individuellen Bereich erfolgreich handeln.

Was ich Ihnen in diesem Buch anbiete, sind zum Teil **auch** Methoden und Prozeduren, welche Sie schnell und einfach anwenden können. Das dient nicht allen Teilnehmern, Zuhören und Lesern, aber doch einigen. Teilweise brauchen Menschen auf dem Weg in ihre persönliche Freiheit zunächst noch ein paar Leitplanken.

Führung ist nicht schwierig. Mein Prinzip lautet „Keep it small and simple"- Halte es klein und einfach!

Ich bin mir sicher, wenn Sie die hier gegebenen Empfehlungen und Anregungen berücksichtigen, ja ausprobieren, werden Sie Menschen noch erfolgreicher führen als bisher.

Mit Sicherheit ist jede Methode, welche Ihnen ein Management-Guru geben kann, nur eine vorrübergehende, weil statistische Lösung. Sie wird in einige Fällen funktionieren und dann irgendwann nicht.

Sie erhalten mit den bisherigen Methoden und Prozeduren teilweise Erfolge – nur nicht in jedem Fall.

**Doch 100 % Erfolge sind möglich!**

# Der perfekte Chef

Viele Führungsexperten, Leadership-Trainer und Management-Gurus wissen und sagen Ihnen auch ganz genau, wie ein perfekter Chef zu sein hat. Und wir meinen alle mit „Chef" eine Führungskraft, welche für Menschen und einer Organisationseinheit verantwortlich ist.

Nach Prof. Dr. Hinterhuber hat ein perfekter Chef vor allem drei Eigenschaften: Anstand, Charakter und ein wirkliches Interesse an Menschen[14]. Als ich das zum ersten Mal las, habe ich mich sofort gefragt, wie ich Anstand, Charakter und Interesse trainiere. Wie gebe ich den Menschen Anstand, wie forme ich Charakter, und wie vermittle ich ein wirkliches Interesse an Menschen?

Machen wir es nicht komplizierter, als es ist: Ich gehe stets davon aus, dass jeder Mensch ein anständiger Charakter ist. Und als soziale Wesen werden wir Menschen mit einem echten Interesse an unseren Mitmenschen geboren.

Weshalb kann ich davon ausgehen? Und wie erhöhen Sie Ihre Wirksamkeit? Meine weiteren Ausführungen helfen dabei, das zu verstehen und Ihre Persönlichkeit einfach und wirksam in die Menschenführung einzubringen. Hierzu vermittle ich ganz wenige, aber wichtige Prinzipien der positiven Menschenführung, welche ich Ihnen als menschliche Führungskraft ans Herz legen möchte.

Nun, ich könnte Ihnen eine Checkliste an die Hand geben. Dann wären wir wieder in der Welt der Prozeduren – welche einmal mehr und einmal weniger funktionieren. Dann könnte ich sagen:

**Der perfekte Chef**

- ∞ führt auf der Grundlage von Werten,
- ∞ ist wirksam,
- ∞ fordert und fördert Menschen,

- ∞ mag Menschen,
- ∞ ist offen für andere Ansichten,
- ∞ steht für eine Teamleistung,
- ∞ ist fachlich selten der Beste,
- ∞ macht Fehler,
- ∞ verbessert sich ständig,
- ∞ weiß, dass er kein perfekter Chef ist.

Diese Kurzfassung stammt von Dr. Dr. Cay von Fournier, veröffentlich in „Perspektive Mittelstand" unter der Überschrift „10 Tipps, wie Sie ein perfekter Chef werden".[15]

Aus meiner Sicht kann ich jeden einzelnen dieser „Tipps" auf dem Weg zum perfekten Chef bestätigen. Und vor allem bestätige ich den letzten Punkt. Ich weiß, dass es so etwas wie einen perfekten Chef nicht gibt.

Und dann stellen mir Führungskräfte, Teilnehmer meiner Seminare, Fragen: „Wie mache ich das?"

Ja, wie machen es die anderen, dass sie Menschen mögen und wie öffnen sie sich für andere Wirklichkeiten? Das Meiste erfolgt nicht von selbst.

Im Grunde sind die oben erwähnten zehn Tipps nur Forderungen: sie geben weder Hinweise, wie Sie sie umsetzen können, noch wie Sie sie erfüllen können. In diesem Buch erhalten Sie wertvolle Hinweise, Tipps und Tricks, wie Sie wirksamer werden und noch besser mit Ihren Mitarbeitern kommunizieren.

Einen Punkt der Aufstellung von Dr. von Fournier möchte ich hier vorab ganz kurz beleuchten: Viele, wenn nicht die meisten Chefs, kommen zu ihrer Führungsaufgabe, nachdem Sie sich als Fachkraft bewährt haben.

Ich hatte einen guten Freund, welcher plötzlich vor der Aufgabe stand, als Projektmanager Menschen zu führen. Er hatte sich als Fachkraft, als Informatiker bewährt und war gerade deswegen zur Führungskraft mit besonderem Aufgabengebiet, sprich Projektleiter ernannt worden. Plötzlich war es nicht mehr seine Aufgabe, Computer und Algorithmen zu verstehen und zu manipulieren, sondern mit Menschen zu arbeiten.

Ja, seine fachliche Expertise stand ihm sogar im Weg: Jedes Mal, wenn ein Projektmitarbeiter mit einem fachlichen Problem zu ihm kam, sah er sich genötigt, dieses Problem fachlich zu durchdringen und es zu lösen. Als Projektleiter in der IT war er auf einmal wieder als Programmierer „im Geschäft": er begann die Lösungen selbst umzusetzen. „Die kriegen 's ja eh nicht so schnell hin", sagte er dann immer.

Über so engagierte Führungskräfte werden oft Heldenlieder gesungen – vollkommen zu Unrecht.

Verstehen Sie mich richtig: In kleinen Teams ist es oft notwendig, dass Projektleiter oder Teamleiter mit anfassen[16]. Doch hier gibt es Grenzen: falls den Mitarbeitern von ihren Führungskräften ihre Arbeit abgenommen wird, erhalten diese keine Gelegenheit mehr, an ihren Aufgaben zu wachsen. Hilfe zur Selbsthilfe ist das nicht.

Und dem Helden oder der Heldin droht der Heldentot durch Überarbeitung, Stress, Burn-Out und einer gescheiterten Beziehung.

Ich möchte an dieser Stelle nicht ausführlich auf das Thema „Rückdelegation"[17] eingehen, das Problem, dass Mitarbeiter mit einer Fragestellung zum Chef gehen, damit Chef das Problem für sie löst. Das ist Thema eines Basis-Führungskräfte-Seminars.

Soviel sei jedoch gesagt: Führungskräfte, die aus der Fachlichkeit kommen, dürfen lernen, auch mit 80 %-Leistungen ihrer Mitarbeiter zufrieden zu sein. Mitarbeiter dürfen aus Sicht ihrer Führungskraft Defizite aufweisen. Aufgabe der Führungskraft ist es dann, Feedback zu geben sowie Wachstum und Entwicklung anzustoßen. Und wird das Feedback oft genug gegeben, werden Mitarbeiter selbst begreifen und Verantwortung für ihre Arbeit übernehmen.

Die berufliche Folge der besonderen Führungssituation meines Freundes war, dass er letztendlich - gefühlt - die ganze Projektarbeit machte und seine Mitarbeiter irgendwann gar nicht mehr in der Lage waren, im Projekt aktiv mitzuarbeiten. Ein Projekt hat nicht umsonst mehrere Mitarbeiter. Wenn einer alles allein macht, ist diese Organisationsform überflüssig. Es gibt kein Ein-Mann-Projekt.

Als Chef wollen Sie den mündigen und fähigen Mitarbeiter, den Sie koordinieren und dem Sie auch manchmal Hilfestellung geben. Sie wollen einen Kollegen, der seinen Job macht. Und damit Sie diese Mitarbeiter bekommen, die Sie als gute Führungskraft verdienen, dürfen Sie die fachliche Arbeit des Mitarbeiters bei ihm belassen.

Sie setzen sich doch nichts ins Auto, und fangen an zu treten, damit sich der Wagen bewegt, und beim Abbiegen halten Sie nicht die Hand aus dem Fenster. Sie erwarten, dass der Wagen einen Blinker hat.

Nehmen Sie bitte dieses Bild als Gleichnis: Da gibt es einen Motor, der darf seinen Job machen, und wenn er nicht funktioniert, dann geht der Wagen bestenfalls in die Werkstatt – aber Sie fangen nicht an zu treten. Sie können einmal ein bisschen Anschieben, das ist erlaubt; aber Sie fangen nicht an zu treten. Das Auto ist dazu gedacht, dass es von alleine fährt – natürlich mit Ihrer Führung und in die von Ihnen vorgegebenen Richtung.

Als Dirigent eines Orchesters geben Sie den Takt vor, Sie geben die Einsätze und bestimmen, wie das Stück zu interpretieren ist. Sie spielen nicht die Instrumente. Sie „machen" nicht die Musik. Sie müssen kein Klarinettist, kein Oboist, kein Violinist sein. Ja, Sie müssen keines der von Ihnen „geführten" Instrumente spielen können. Diesen Job erledigen andere.

Sie haben eine klare Vorstellung, wo es hingehen soll und geben die Richtung vor. Sie führen Menschen und sorgen dafür, dass alle in perfekter Harmonie zusammen funktionieren – und dass Sie ein gemeinsames Ziel erreichen.

# Führung einmal ganz einfach

Es wird ganz leicht und einfach: Da wir alle Menschen soziale Wesen sind, die sich gegenseitig beeinflussen können und wollen, hat jeder alles, was er braucht, um als Führungskraft erfolgreich und wirksam zu sein.

Hierin liegt der Schlüssel zum Erfolg: Solange Sie menschlich bleiben bzw. sind, haben Sie die Chance, andere Menschen und auch komplexe Netzwerke zu führen, menschliche Gehirne zu beeinflussen. Sie können das als „Gesetz der Resonanz" bezeichnen oder auch mit einem Sprichwort erklären: „Wie man in den Wald hineinruft, so schallt es heraus." Und es ist doch immer das ewig Gleiche: Menschen spüren, ob Sie angenommen, geliebt und gemocht werden – oder auch nicht.

Wie rufen Sie denn nun in den Wald? Wie soll's denn da herausschallen? Was wollen Sie denn hören?

Ja, Sie dürfen das klar haben und den Rest zeigt Ihnen dieses Buch.

**Wie bekommen Sie also die Mitarbeiter, die Sie verdienen?**

Nun, wenn Sie andere Ergebnisse als bisher wollen, dürfen Sie etwas anders machen. Bevor ich Ihnen also sage, was Sie ändern dürfen, damit Sie Ihrem Wunsch näher kommen oder ihn gar schon verwirklichen, müssen Sie für sich eine kleine Bestandsaufnahme machen.

Sie sollten wissen, wo Sie in puncto Führung zurzeit gerade stehen. Ohne, dass Sie wissen, wo Sie stehen, ist wahrscheinlich jede eingeschlagene Richtung nicht ganz passend, stimmt's?

# Wer sind Sie als Führungskraft?

Wer also sind Sie – als Chef? Sind Sie ein gutes Vorbild? Verlangen Sie nur das von Ihren Mitarbeitern, was Sie auch von sich selbst verlangen könnten? Bevor Sie die Prinzipien, die Methoden, das hier erlernte Wissen auf Andere anwenden, sollten Sie es zunächst bei sich selbst anwenden.

Beantworten Sie zunächst nur die folgenden Fragen, und machen Sie das schriftlich! Es lohnt sich.

### Welche Rolle spielen Sie als Führungskraft?

Welches Verständnis von Ihrer Rolle haben Sie bisher? Was sind Ihre Aufgaben als Führungskraft und was glauben Sie, sollten Ihre Aufgaben sein? Welche Rolle ist das also zusammenfassend? Schreiben Sie die Aufgaben, die Tätigkeiten z.B. ich motiviere Menschen, ich gebe Instruktionen, ich bin Lehrer oder Ausbilder, ich bin Aufpasser, ich bin Kontrolleuer, Planer, .... Was also ist Ihr Rollenverständnis von sich als Führungskraft?

### Haben Sie alles, was Sie als Führungskraft brauchen?

Schreiben Sie nun als nächstes auf, was Sie benötigen, um diesen Aufgaben gerecht zu werden. Fehlt Ihnen etwas, um effektiv sprich wirksam zu führen? Und falls Sie einen Schritt weiter gehen wollen, fragen Sie sich auch, ob Sie alles haben, um effizient, also mit wenig Aufwand, zu führen.

**Welches Verständnis haben Sie allgemein von Führung?**

Denken Sie positiv oder negativ über Menschenführung? Wie fühlen und denken Sie über Chefs, über Beeinflussung? Vielleicht verwenden Sie sogar den Begriff „Manipulation".

Wenn Sie für sich einen noch größeren Mehrwert erhalten möchten, dann schreiben Sie es nun auf. Sie werden dann in der Lage sein, Ihren Ausgangspunkt und Weiterentwicklungspunkte besser zu bestimmen.

**Schreiben Sie es JETZT auf!**

Willkommen zurück! Schauen Sie nun Ihre Aufzeichnungen an: Es sollte Ihnen jetzt schon auffallen, ob Sie das tun, wofür Sie bezahlt werden bzw. womit Sie Ihr Geld verdienen. Dann sollten Sie bereits jetzt schon bemerken, ob Ihre Arbeit das Geld wert ist, das Sie verdienen.

Wichtiger als eine Analyseanleitung ist das Gefühl, das Sie beim Betrachten Ihrer Antworten haben und die aufkommende Erkenntnis: Hier darf oder hier muss ich noch etwas tun.

Seien Sie aufmerksam. Sie werden im Laufe dieses Buches etwas lesen, das genau Ihre persönliche Herausforderung adressiert – und Sie werden in puncto Führung besser werden, als Sie es bisher schon waren.

Das Wichtigste, was Sie wahrscheinlich herausgefunden haben, sind Ihre Aufgaben. Diese zu erledigen heißt handeln, heißt tun.

**Es gibt nichts Gutes
Außer: Man tut es.**[18]

Tun Sie etwas, oder reagieren Sie nur, falls sich etwas tut? Sind Sie aktiv – oder ertragen Sie den Status quo, das, was einfach so ist?

## Aktiv oder passiv?

Mir begegnen immer wieder Führungskräfte in Unternehmen, die mir sagen: „Schauen Sie, Herr Bojahr, ich habe diese Mitarbeiter, die kriege ich vor die Nase gesetzt. Also, was kann ich da machen? Da ist ja praktisch gar nichts möglich."

Soweit die Wahrnehmung, welche ich erst einmal akzeptiere und dann stelle ich folgende Gegenfragen: „Und wie haben Sie sich bisher verhalten? Haben Sie den Mitarbeitern ein ehrliches Feedback gegeben oder waren Sie eher passiv? Was haben Sie bereits versucht, um die Situation zu verändern?"

Wie Sie bereits wissen, gibt es nur ganz wenige Prinzipien, welche ich den Menschen immer wieder ans Herz lege, und eines lautet:

**„Love it, change it or leave it"**

**Lieben Sie es, verändern Sie es oder lassen Sie es sein!**

Im Bereich Mitarbeiterführung bedeutet dieses Prinzip: wenn ein Mitarbeiter Ihren eigenen oder den Ansprüchen des Unternehmens nicht genügt, dann können Sie sich damit abfinden (love it), dem Mitarbeiter helfen, sich zu ändern (change it) oder Sie stellen fest, es funktioniert weder das Eine noch das Andere, dann dürfen Sie sich vom ihm trennen (leave it).

In allen drei Fällen spielen Sie eine aktive Rolle! Und es ist Ihre Verantwortung, Ihre Entscheidung, welchen Weg Sie gehen.

Dann höre ich immer wieder Stimmen, die einwenden: „Ja aber, Herr Bojahr, ich kann die Leute doch nicht einfach entlassen!" Und das hat auch niemand gefordert.

Was ich Ihnen gern im Laufe dieses Buches näher bringen möchte, ist meine Erfahrung und meine tiefste Überzeugung:

Jeder Mensch – ohne Ausnahme - hat Qualitäten, hat Stärken, die er einsetzen kann. Nur heißt das noch nicht, dass dieser Mensch gerade in dem Bereich, in welchen Sie ihn einsetzen, seine Stärken und

Qualitäten entfalten kann – oder dass Sie wüssten, wo seine Stärken liegen.

Niemand muss unbedingt ein Unternehmen verlassen. Das bestätigen mir immer wieder Geschäftsführer und Vorstände der von mir beratenen Unternehmen. Sie haben genügend Positionen, auf welche das Stärkenprofil oben erwähnter Mitarbeiter viel besser passen könnte.

Es geht also darum, dass jeder den Arbeitsplatz findet, welcher seinen Stärken gerecht wird. Und ich habe es auch schon erlebt, dass studierte Akademiker nach solchen Überlegungen im Call-Center eingesetzt wurden.

Und bevor Sie Einwände erheben: Wer sagt Ihnen, dass dieser Mitarbeiter darüber nicht sehr glücklich ist?

## Stärken und Schwächen

Als letzte Möglichkeit gibt es dann das Gespräch mit dem Mitarbeiter: „Schau, wir schaffen es nicht, die für Dich richtige Position hier im Unternehmen zu finden. Wahrscheinlich kannst Du in einem anderen Unternehmen viel erfolgreicher sein, Deine Stärken besser leben."

Doch es könnte sein, dass, nachdem Sie dieses Buch gelesen haben, dieses Gespräch gar nicht mehr stattfindet. Die Mitarbeiter bemerken bereits vorher schon „von allein", dass sie so nicht weitermachen können und suchen sich eine neue, bessere Wirkungsstätte. Mitarbeiterführung kann einfach sein.

Doch bis dahin gilt: Sobald Sie Ihre Mitarbeiter wirklich kennen und auch herzlich miteinander umgehen, ist das Gespräch, das mit der absehbaren Kündigung des Mitarbeiters endet, die beste Methode, sich voneinander zu trennen.

Mitarbeiter abzumahnen oder „weg zu loben", davon halte ich nichts. Das sind Reibungsverluste, welche letztendlich nur beweisen, dass die kommunikativen Fähigkeiten der Führungskraft noch nicht ausreichend sind.

Ich hatte einen Mitarbeiter, der nach etlichen Jahren im Unternehmen die nächste Karrierestufe erreichen wollte. Im jährlich stattfindenden Zielvereinbarungsgespräch sagte er mir, er wolle Manager im Unternehmen werden. Nun war ich aber im voran gegangenen Jahr zur Auffassung gelangt, dass er die vom Unternehmen an einen Manager gestellten Anforderungen nicht würde erfüllen können. Zudem sah ich mich durch die Einschätzung seines früheren Chefs und auch der anderen Kollegen bestätigt. Hätte ich ihn zum Assessment, zum Auswahlverfahren angemeldet, keiner meiner Chefs hätte mein Votum gestützt. Weshalb also den Mitarbeiter frustrieren und Zeit verlieren?

Also habe ich ihm meinen Eindruck gespiegelt. Nachdem er selbst darüber nachgedacht hatte, wurde ihm deutlich, dass er für seine Ziele und Fähigkeiten keine Unterstützung finden würde.

In Folge des Zielvereinbarungsgespräches haben wir uns eine Stunde zusammengesetzt und ich habe ihn in Bezug auf seine beruflichen Ziele gecoacht. Nach dieser Stunde und einige Tage darauf, hat er für sich den Entschluss gefasst, das Unternehmen zu verlassen und sich aktiv um eine neue Stelle in einem anderem Unternehmen zu bewerben. Heute ist er in diesem neuen Unternehmen Abteilungsleiter und – soweit ich das beurteilen kann – mit seiner Position sehr zufrieden.

Jeder Mensch hat das Recht, glücklich zu sein, seine Arbeitskraft und seine Stärken einzusetzen. Wenn Sie Ihre Mitarbeiter kennenlernen und beurteilen lernen, wo diese ihre Stärken haben, dann können Sie sie bestmöglich einsetzen.

Geben Sie Ihren Mitarbeitern immer ein ehrlich gemeintes Feedback – nicht zu ihren Schwächen, sondern zu ihren Stärken!

**Adressieren Sie die Schwäche eines Mitarbeiters nur da, wo sie der Entfaltung seiner Stärken im Wege steht.**

# Effektiv und effizient

Aktiv zu werden und ins Handeln zu kommen ist zunächst Ihre Aufgabe als Führungskraft. Menschen sind nicht nur Ihre Kollegen. Als Führungskraft sind sie Ihre Arbeit. Sie dürfen und müssen mit ihnen arbeiten.

Handeln ist ein Prozess: Und so wie jeder Prozess hat Handeln ein Ergebnis, einen definierten Anfang, ein definiertes Ende und es hat Qualitäten. Menschenführung kann effektiv d.h. wirksam sein und sie kann zudem effizient d.h. möglichst wenig aufwendig sein.

Ich weiß nicht, wie Sie es mit „der Arbeit" halten. Ich für meinen Teil mache mir nicht unnötig Arbeit. Mich interessiert das schnelle und einfache Ergebnis. Ich gestalte meinen Arbeitsprozess effizient. Ich möchte mit möglichst wenig Aufwand möglichst viel erreichen. Das entspricht dem Pareto-Prinzip, welches Sie vielleicht bereits kennen: mit 20 % Aufwand 80 % erreichen. Dabei ist es wichtig, dass alle wichtigen und notwendigen Aufgaben zu den 80 % erledigten zählen.

Um das zu erreichen, dürfen Sie auch darüber nachdenken, welche Mittel Sie in Ihrer Menschenführung einsetzen.

„Wie kann ich effektiver werden, wie kann ich noch effizienter werden?" sind Fragen, welche Sie sich stellen sollten. Und glauben Sie mir, das ist bei den meisten Führungskräften möglich.

## Führen – nicht managen

Als Führungskraft sind Sie meistens auch Manager: das heißt nicht, dass jemand, der Menschen führt, auch administriert, neudeutsch *managet*, oder dass ein Manager Menschen führen muss.

Was bedeutet „Managen" und wie unterscheidet es sich vom „Führen"?

Im klassischen Sinne beinhaltet Managen drei Tätigkeitsbereiche: Planen, Überwachen und Steuern. Wenn in nicht-linearen Netzwerken eine Zielerreichung nicht mehr garantiert werden kann, ist das Ergebnis chaotisch. Danach wäre eine Planung überflüssig, die Überwachung zwar möglich, aber das Steuern hätte kein Ziel, da das Ergebnis nicht vorhersagbar ist. In diesem Szenario sind die klassischen Manager überflüssig.

Vielleicht ist das der Befund, welchen wir in unseren Unternehmen feststellen können: Manager mutieren angesichts nicht lösbarer Herausforderungen, der Komplexitätsfalle, zu Kontrolleuren. Sie überwachen und bewachen, jedoch planen und steuern sie nicht mehr.

Ich bezweifele, dass das so sein muss: Auch Führungskräfte im Zeitalter der Vernetzung dürfen managen, können planen, überwachen und steuern.

Hören Sie, was Ross Perot, der Gründer und frühere CEO von EDS dazu zu sagen hat:

*"Inventories can be managed, but people must be led."*[19]

**Warenbestände können verwaltet werden, doch Menschen müssen geführt werden.**

Ganz meiner Meinung! Und ich füge frei nach Jack Welch, dem früheren CEO von General Electric hinzu:

**Wer führt, muss nicht managen.**[20]

Auch nach der „Kernschmelze" kann ich als Führungskraft noch planen, überwachen und steuern. Und ich werde dafür Sorge tragen können, dass Mitarbeiter Ziele erreichen. Nur muss ich andere Mittel und Methoden einsetzen als bisher, und ich darf flexibler und aufmerksamer sein. So kann ich mich den sich ständig verändernden Umständen schnell anpassen.

Das oft zur Anschauung eines nicht vorhersagbaren Systems genutzte Doppelpendel, kann durchaus kontrolliert werden! Schauen Sie sich bei YouTube das Video „Doppelpendel mit Linearantrieb"[21] an, es zeigt, wie mit „Linearer zeitvarianter Folgeregelung" ein nichtlineares System stabilisiert werden kann.

Übersetzt heißt das:

**Werden Sie Teil des Systems und gleichen Störungen so schnell wie möglich aus. Das funktioniert!**

Dazu brauchen Sie eine größere Varietät, mehr Handlungs-, Wirk- und Kommunikationsmöglichkeiten als das komplexe System selbst. Wie Sie dieses „Mehr" an Möglichkeiten bekommen, erkläre ich Ihnen auf den folgenden Seiten.

Im Jazz ist Improvisation ein wesentliches Element der Musik. Das ist ganz einfach: Wir einigen uns auf einen minimalen Rahmen, eine Akkordfolge und los geht's. Wenn etwas nicht funktioniert, dann machen wir etwas anders.

Als Führungskraft kann ich im Rahmen der mir gesetzten Vorgaben improvisieren. Diese Flexibilität hat jede erfolgreiche Führungskraft, Manager haben sie nicht unbedingt.

Etwas „durch zu managen", heißt einfach: „Ich habe etwas geplant. Also Augen zu, und durch, notfalls über Leichen."

Diese Mentalität finden wir im Wirtschaftsleben häufig vor. In der heutigen Zeit der Vernetzung werden Chefs mit dieser Haltung jedoch nicht lange erfolgreich sein können. Bestenfalls fällt es den Mitarbeitern auf, dass ihr Chef nicht mehr alles unter Kontrolle hat und den Mitgliedern des Netzwerks fällt auf, dass die Entscheidungen ihres Impulsgebers nicht mehr zu ihrer Erlebniswelt passen.

Und damit ist es nur noch eine Frage der Zeit, wann sauer gefahrene Mitarbeiter solchen Chefs nicht mehr folgen.

## Kontrolle ist gut, Vertrauen ist besser

Kontrolle war - vielleicht - früher einmal gut. Und jetzt sage ich, dass Vertrauen besser ist.

Gerade mit Mitarbeitern, welche eine große persönliche und fachliche Reife haben, mache ich Zielvereinbarungen, stecke Rahmen ab und lasse sie dann mit der Lösungsfindung und Durchführung allein. Sie werden sich selbst führen und selbst kontrollieren. Ja, ich darf und ich muss in diese Mitarbeiter Zutrauen und Vertrauen haben.

Ich gehe hier nicht näher auf Mitarbeiter-Reifegrad-Modelle und das Führen mit Zielen ein. Lassen Sie mich nur so viel ausführen: Nicht jeder Mitarbeiter ist so selbständig, dass eine Delegation, eine Überweisung von Ergebnisverantwortung funktioniert. Der eine braucht ein bisschen mehr Kontrolle, ein bisschen mehr Überwachung als ein anderer. Es hängt von der persönlichen und fachlichen Reife des Mitarbeiters ab, wie viel ich ihm zutraue und wie oft ich helfend eingreifen muss.

Menschen sind Individuen und brauchen unterschiedliche Behandlungen. Jedoch vertrauen sollte ich ihnen immer.

Vielleicht sagen Sie sich jetzt: Gut, aber ein bisschen Kontrolle muss ja doch sein. Schließlich muss ich feststellen, ob gesetzte Ziele und Erwartungen erreicht wurden.

Wie kontrolliere ich meine Mitarbeiter nun richtig?

**Kontrolle üben Sie dann am besten aus, wenn Sie**

- ∞ kongruent mit sich selbst sind,
- ∞ immer wissen, was Sie gerade tun und
- ∞ eine klare Richtung haben.

Erstaunt es Sie, dass in dieser Beschreibung der Mitarbeiter gar nicht vor kommt? Hört sich das für Sie trivial an?

Ich gebe zu, dass hinter meiner Antwort eine Annahme steht: Sie müssen Kontrolle nicht offen ausüben, sobald Sie als Vorbild sichtbar, hörbar und spürbar sind. Wir sprachen ja bereits über Effizienz beim Führen. So führen und kontrollieren Sie Mitarbeiter mit weichen und leichten Maßnahmen.

Sobald Sie kongruent, achtsam und zielgerichtet sind, sobald Ihre Absichten und Anforderungen jederzeit jedem Mitarbeiter transparent, verständlich und stimmig sind, werden Ihre Mitarbeiter Ihren Job nach bestem Wissen und Gewissen machen. Das sind meine Erfahrungen.

## Der Klebstoff eines Unternehmens

Der Chef meines Freundes Jürgen legte sehr viel Wert darauf, dass dieser pünktlich um 8:30 Uhr am Arbeitsplatz saß, obwohl seine Tätigkeit ihm Freiräume ließ. Er hatte einen Bürojob mit gleitender Arbeitszeit und keine weiteren Kollegen, denen er als negatives Beispiel hätte auffallen können. Es hing also nichts von seiner pünktlichen Anwesenheit ab.

Damit sein Chef sah, ob und wie viel er morgens zu spät erschien, kontrollierte dieser zur vorgegebenen Zeit den Flur. Und wenn sein Chef Jürgen dann ertappte, wie er um 8:35 Uhr sein Büro betrat, stellte ihn sein Chef zur Rede und bestand auf „Einhaltung der Kernarbeitszeit". Da sein Chef pünktlich gegen vier das Büro verließ, nahm er nicht wahr, dass Jürgen öfters länger arbeitete als vorgesehen. Er ist einer dieser Menschen, welche, von einem Problem gefesselt, dann schon einmal die Zeit vergessen.

Was hatte dieser Chef mit seinem Verhalten bei diesem Mitarbeiter erreicht? Nun, Jürgen fühlte sich ungerecht behandelt und hat dann schließlich gekündigt. Vielleicht nimmt es sein Nachfolger mit der Arbeitszeit etwas genauer und ist dann auch pünktlich wieder daheim.

Was täten Sie, wenn Sie einen Mitarbeiter hätten, der schon einmal fünf Minuten zu spät kommt, aber sonst beim Arbeitsende nicht auf die Uhr schaut? Ich hoffe nicht, dass Sie auf eine strenge Einhaltung der Regeln pochen.

Übermäßige, ungerechtfertigte Kontrolle kann negativ wirken. Und vielleicht ist es wichtiger, einen guten Mitarbeiter zu halten, selbst wenn dieser die eine oder andere „Macke" hat.

Ein Chef hat unter anderem auch die Aufgabe Schwächen seines Mitarbeiters, welche dessen Stärken nicht im Wege stehen, zu decken oder sogar auszuhalten.

Der Chefingenieur eines Automobilzulieferers, welcher Getriebe für den Weltmarkt fertigte, erzählte von einem seiner Konstrukteure, welcher „absolut nicht gesellschaftsfähig" sei, Null Sozialkompetenz besäße. Es war seine Aufgabe, diesen Mitarbeiter ins Team „einzubinden". Er wäre als Entwickler mit seinen Ideen unentbehrlich für das Unternehmen. Durch ihn gehörte das Unternehmen zur Weltspitze. Es war undenkbar, diesen Mann zu verlieren.

Als Führungskraft war es Aufgabe des Chefingenieurs, diesen Mitarbeiter „zu covern"[22], d.h. ihn so zu führen, dass er mit den anderen Kollegen nicht aneinander geriet. Er ummantelte ihn, deckte ihn, bereitete sein Arbeitsumfeld und schützte auch die anderen Mitarbeiter vor seinen Ausbrüchen.

Es ist Aufgabe einer Führungskraft: Mitarbeiter so zu führen, dass ihre Schwächen nicht ihren Stärken im Wege stehen. Das heißt unter Umständen auch, Prellbock zu sein, damit Mitarbeiter nicht aufeinanderprallen oder entgleisen.

Sie können davon ausgehen, dass Sie selten Mitarbeiter finden, die alle fachlichen Anforderungen erfüllen und dann auch noch den menschlichen Anforderungen genügen, welche Sie an Ihre eigene Person stellen.

Was also ist zu tun? – Nehmen Sie die Menschen so, wie Sie sind, und freuen Sie sich darüber, dass Sie diese wichtigen Mitarbeiter haben, die ihren Job zu Ihrer vollsten Zufriedenheit erfüllen und – puffern Sie den Rest.

Mitarbeiter haben andere Stärken, als Sie sie haben, und das ist richtig und wichtig! Was wäre Ihre Aufgabe, Menschen zu führen, wert, wenn jeder Ihre Qualitäten mitbrächte? Wir können nicht alle Häuptlinge sein, wir brauchen auch die Indianer. Es gibt Schreiner, es gibt Autoren, es gibt Bürokaufleute, es gibt so viele Menschen, welche Qualifikationen haben, welche Sie vielleicht so nicht haben. Wir ergänzen uns in unserem Aufgabenspektrum und als Führungskraft haben Sie die Aufgabe, Alle zu integrieren, das Ganze zusammenzuhalten und funktionsfähig zu machen.

Wenn Sie also kongruent mit sich selbst sind, immer wissen, was Sie tun und eine klare Richtung haben, dann werden Ihre Mitarbeiter im Sinne Ihrer Vorgaben funktionieren.

Sie werden Ihrer Arbeit nachgehen, ohne, dass Sie sie ständig kontrollieren müssen. Sie werden Netzwerke knüpfen, die Initiative ergreifen, selbständig Entscheidungen treffen und Ergebnisse erzielen. Sie werden dann nämlich die Bedürfnisse Ihrer Kunden befriedigen, und das ist doch, was unsere Mitarbeiter tun sollen. Unternehmen sind ja kein Selbstzweck: Sie erfüllen wichtige Aufgaben für Menschen und Gesellschaft.

Sobald Sie klar sehen und das Ihren Mitarbeitern kommunizieren, werden Ihre Leute gern in Ihrem Sinne handeln. Nur dürfen Sie das Ihren Mitarbeitern zutrauen – und dann brauchen diese zuerst Ihr Vertrauen.

## Vertrauen und Zutrauen

In meinem Modell von Welt sind Vertrauen und Zutrauen die zwei zentralen Aufgaben von Führung: Zunächst ist es wichtig, Vertrauen aufzubauen, und sobald ich das erreicht habe, darf ich das notwendige

Verfügungs- und Orientierungswissen vermitteln, damit die Mitarbeiter ihre Aufgaben erfüllen können.

Sie erinnern sich: Führen heißt, Menschen befähigen und motivieren, etwas zu tun, was Sie aus freien Stücken nicht getan hätten. Dazu brauchen Sie unser Vertrauen, unser Zutrauen, und das heißt, Wissen, Fähigkeiten und Fertigkeiten.

Dieses Vertrauen aufzubauen und Wissen zu vermitteln, sind für mich die wichtigsten Aufgaben einer Führungskraft.

Als Ausbilder und Gruppenführer einer Bundeswehreinheit war es meine Aufgabe, Wissen zu vermitteln und Vertrauen aufzubauen. Wie wichtig das gerade im militärischen Umfeld ist und wie diese beiden Tätigkeiten ineinander greifen, möchte ich Ihnen kurz schildern.

Schauen Sie, die meisten Menschen außerhalb einer militärischen Organisation glauben, dass das Führen von Menschen per „Befehl und Gehorsam" funktioniert. Einfach so. – Weit gefehlt! Ohne dass die Menschen Ihnen vertrauen, würden Sie heute wie damals keine militärische Organisation führen. - Keiner vertraut Ihnen sein Leben an, der sich nicht zuvor davon überzeugt hat, dass Sie es wert sind. Ihre Leute würden Ihnen bei der nächsten Gelegenheit den Gehorsam verweigern.

Meine Aufgabe als Ausbilder war es, junge Menschen sowohl militärisch als auch fachlich zum Sanitäter auszubilden. Hierbei waren mir zwei Grundsätze besonders wichtig.

Das erste Prinzip heißt „als Vorbild dienen", der Erste unter Gleichen sein. Ich war immer der erste, der vorgemacht hat, wie Leute unter Beschuss gerettet werden; ich habe mich mit den Leuten in tiefster Gangart bewegt und habe nichts verlangt, was ich nicht selbst vorgemacht hätte. Das zweite Prinzip war, Abläufe und Beweggründe transparent zu machen.

Solange ich Zeit hatte, alles zu erklären und zu begründen, habe ich es getan. Nur so wussten meine Leute: das, was ich ihnen sagte, hatte Hand und Fuß. So konnte ich Vertrauen in die Gründe meiner Anweisungen geben.

Ich habe aber dann auch deutlich gemacht, dass wenn einmal keine Zeit für Erklärungen wäre, ich erwartete, dass diese trotzdem ausgeführt würden.

Wir haben öfters Übungen durchgeführt, um z.B. einen Massenanfall an Verletzten nach einem Flugzeugabsturz zu simulieren. In diesen Notfallsituationen ist keine Zeit für Erklärungen: das was vorher erklärt, verstanden und eingeübt wurde, durfte nun einfach geschehen.

Dazu zählte auch, dass die Führungskräfte Anweisungen gaben, welche ohne Umschweife ausgeführt werden mussten. Und dabei spielte es keine Rolle, ob der Soldat glaubt, er wäre in der richtigen Verfassung, hätte genug gelernt und hätte auch so richtig Lust.

Solange Zeit dazu war, habe ich Vertrauen in Führung aufgebaut. Nun, woher wusste ich, dass ich in meinen Bemühungen, Vertrauen aufzubauen, erfolgreich war. Ich habe von den mir anvertrauten Soldaten dieses Feedback erhalten.

# Wirksam kommunizieren

Vertrauen aufbauen und Wissen vermitteln können Sie, wenn Sie erfolgreich kommunizieren. Ohne gute Kommunikation funktioniert weder das Eine noch das Andere. Sobald Sie Mittel bereitstellen, das heißt Verfügungs- und Orientierungswissen vermitteln, kommunizieren Sie.

Wie kommunizieren Sie effektiv d.h. wirksam und nachhaltig?

Der große Psychiater und konstruktivistische Philosoph Paul Watzlawick hat fünf Axiome zur Kommunikation aufgestellt. Das erste davon lautet:

„*Man kann nicht **NICHT KOMMUNIZIEREN!***"[23]

Auch wenn Menschen nichts sagen, kommunizieren sie.

Egal, was Sie tun, was Sie sagen, wie Sie gestikulieren, schauen oder lächeln; sobald Sie das Feedback bekommen, das Sie erwarten, eine Reaktion bekommen, die Sie wollten, ist Ihre Kommunikation erfolgreich gewesen.

Welches Feedback wollen Sie denn? Wie soll's denn aus dem Wald hinausschallen? Wie müssen Sie dazu rufen?

Auch hier gilt das Prinzip: Wenn etwas nicht funktioniert, dann mach' etwas anderes! So handelt übrigens auch jeder gute Coach, der wirklich sein Geld wert ist. Als Führungskraft sind Sie – immer mehr – Coach Ihrer Mitarbeiter.

Ein wirksames Coaching vermittelt nicht nur Einsichten. Damit Kommunikation wirksam ist und bleibt, darf etwas passieren: Action sprich Handlung! Beim wirksamen Coaching geht es nicht nur um eine Bestandsaufnahme, sondern auch darum, eine Veränderung auf den

Weg zu bringen. Und Veränderung bedeutet, Sie machen etwas anders als bisher.

Schauen Sie, die meisten Menschen brauchen jemanden, der Ihnen hilft, Dinge anders zu sehen und etwas anderes zu machen. Die meisten verändern sich deswegen nur widerwillig, weil sie „betriebsblind" sind. Sie halten an Verhaltensweisen fest, weil Sie es gewohnt sind.

Viele wissen ganz genau, dass es nicht so weitergehen kann, und sind doch nicht in der Lage, sich schnell und nachhaltig zu verändern. Was nützt Ihnen jemand, der Ihnen etwas sagt, was Sie längst selbst wissen?

Sie helfen mit Kommunikation, in dem Sie Sachverhalte und Strategien, Meinungen und Wissen, Fähigkeiten und Fertigkeiten vermitteln. Und auch hier dürfen Sie solange etwas anders machen, bis es wirksam ist und bleibt. So sind Sie in jedem Fall erfolgreich.

**Wirksame Menschenführung ist eine niemals endende Aufgabe.**

Stellen Sie sich bitte folgende Situation vor. Sie haben eine fähige Mitarbeiterin, die etwas schüchtern und unsicher wirkt. Ihre Leistungen werden vom Team dankend angenommen, jedoch bekommt sie nicht die ihr zustehende Anerkennung. Sie weiß, dass ihr unsicheres Auftreten ihrer Kariere nicht förderlich ist. „Andere verkaufen sich halt besser" und werden so eher wahrgenommen.

Jetzt könnten Sie dieser Mitarbeiterin sagen, was sie schon weiß: dass sie sich besser verkaufen könnte, dass sie gut ist, dass sie keinen Grund hat, schüchtern zu sein, etc. Was nützt es ihr? Sie weiß das bereits alles? Einsichten sind wenig wirksam!

Sie dürfen die Veränderung anders auf den Weg bringen, Erklärungen helfen gar nicht.

Sie helfen Ihr, indem Sie im Hier und Jetzt Situationen schaffen, in welchen sie sich beweisen kann und andere ihre Leistung wahrnehmen. Sie helfen Ihr, indem Sie ihr Ihre positive Meinung spiegeln und ihre Leistung ehrlich und aufrichtig vor den Kollegen herausstellen.

Haben Sie schon einmal einen Kollegen missverstanden? Wie wichtig Kommunikation im Unternehmenskontext ist, erlebe ich immer wieder. Häufig wurde ich Zeuge dieses oder eines ähnlichen Dialogs:

*„Sie hätten doch wissen müssen, was ich gemeint habe."*

*„Hätte ich auch, wenn Sie sich klar ausgedrückt hätten!"*

Wollen Sie raten, wer den ersten Satz sagt und wer darauf den anderen erwidert?

Es wurde mir auch von der Konstellation „erster Satz Mitarbeiter, zweiter Satz Chef" berichtet. Häufiger ist jedoch wohl die Konstellation „erst Chef, dann Mitarbeiter".

Und das nenne ich „ein gelungenes Feedback"! Deutlicher können Mitarbeiter es ihren Chefs nicht machen, er möge besser kommunizieren. Und wer ist nun im Recht? Was ist richtig, was ist falsch?

Sobald Sie kommunizieren, erhalten Sie auch ein Feedback. Das mag ein Feedback sein, was Sie erwarten und mögen, es kann aber auch sein, dass Sie eins bekommen, was Sie überrascht und was Ihnen gar nicht gefällt.

Das Feedback, was Sie erhalten, ist ein Maß für die Qualität Ihrer Kommunikation.

Sobald Sie jemandem eine Anweisung geben, könnten Sie einfach darauf „vertrauen", dass Sie verstanden wurden. Das ist nicht das Vertrauen, von dem wir zuvor gesprochen haben. Sie vertrauen hier nicht darauf, dass Menschen im Sinne einer gemeinsamen Sache alles tun werden; hier machen Sie eine nicht belastbare Annahme, dass Kommunikation schon irgendwie wirkt. Das ist nicht wirklich professionell.

Fangen Sie so früh wie möglich an, sich des Feedbacks, welches Sie erhalten, bewusst zu werden. Ja, steuern Sie und machen auch Ihren Mitarbeitern transparent, was bei Ihnen ankommt. Und fragen Sie aktiv nach, was von dem, was Sie sagen, bei Ihren Mitarbeitern ankommt.

Ich habe während meiner Dienstzeit bei der Bundeswehr gelernt, mir gleich bei der Auftragserteilung ein erstes Feedback geben zu lassen. Das sind ganz einfache Mittel, die jedoch hoch wirksam sind.

Aufträge werden nach einem bestimmten Schema erteilt:

**Lage, Auftrag, Durchführung.**

Einheitsführer, welche einen Auftrag erteilen, beschreiben zunächst die Ausgangssituation (Lagebeurteilung), dann erteilen sie einen Handlungsauftrag (Auftrag) und zum Schluss wird der Auftrag ausgeführt (Durchführung).

Die Lage und der Auftrag werden vom Ausführenden noch einmal wiederholt, bevor er den Auftrag dann ausführt. Sie wissen also gleich, ob der Auftrag und die Lage verstanden worden ist.

In letzter Konsequenz können Sie nur dann wissen, ob Ihre Kommunikation erfolgreich war, wenn der Mitarbeiter das tut bzw. getan hat, was Sie erwartet haben, kurz: wenn das Ergebnis stimmt. Das heißt aber auch, dass Sie den Erfolg oder die Qualität Ihrer Kommunikation verzögert wahrnehmen.

Richten Sie sich deshalb eine **Feedback-Schleife** ein: Bleiben Sie wach, nehmen Sie wahr, wo Ihre Kommunikation nicht funktioniert hat und passen Sie diese dann an. **Hat's funktioniert?** Falls nicht, dann machen Sie etwas anders oder gar etwas anderes!

Das, was Sie von Ihren Mitarbeitern erwarten, nämlich, dass sie auch etwas anders machen, um erfolgreich zu sein, das dürfen Sie als Führungskraft in Bezug auf Kommunikation genauso tun.

Ich fasse zusammen: erste Aufgabe einer erfolgreichen Führungskraft ist es, **wirksam zu kommunizieren**. Dazu benötigen Sie ein **Feedback**, welches Sie auch beachten sollten. Und dazu dürfen Sie für Signale, welche Mitarbeiter senden, wach und **aufmerksam** sein.

## Inhalt oder Struktur?

Projektleiter müssen sicherstellen, dass Projektmitarbeiter ihre Aufgaben korrekt und zeitgerecht erledigen. In einem großen Informations-Technologie-Projekt hatte ich als Projektleiter einige kritische Aufgaben an Mitarbeiter vergeben, von denen ich wusste, dass ich mich auf sie verlassen konnte: sie würden ihre Aktivitäten zeitgerecht abschließen oder mir über aufkommende Schwierigkeiten rechtzeitig berichten.

Andere, weniger kritische Aufgaben hatte ich an Mitarbeiter vergeben, deren Arbeitsqualität ich noch nicht einschätzen konnte. Es kam also hier darauf an, mir einen Eindruck von der Arbeit der neuen Mitarbeiter zu verschaffen. Dazu war eine wöchentliche Projektstatus-Konferenz, ein sogenanntes Status-Meeting, eine Möglichkeit, in welchem ich mir zeitnah von allen Mitarbeitern berichten ließ.

In einem dieser Meetings fragte ich wie gewohnt den Erfüllungsgrad der verteilten Aufgaben ab, wobei mir ein Mitarbeiter, welcher neu im Projekt war sagte: „Die Aufgabe ist fast erledigt." Ich konnte seine Arbeitsqualität noch nicht einschätzen. Auf meine Frage, welche Aufgaben noch nicht erledigen wären und worin die Herausforderungen bestünden, schaute der Mitarbeiter zu Boden, blätterte nervös in seinen Unterlagen und sagte, das seien im Grunde nur noch Kleinigkeiten, welche er Morgen erledigt hätte. Während er das sagte, schaute er mich nicht an, blätterte weiter nervös in seinen Unterlagen. Die Erwiderung meines Blickes, nachdem er wieder aufschaute, war recht kurz.

Seine Körperhaltung, seine Mimik, seine Gestik sprachen Bände. Der Inhalt, das was er sagte, interessiert mich in diesem Moment überhaupt nicht. Er kommunizierte nicht auf der Inhaltsebene. Seine

Gestik, seine Mimik und seine Körpersprache waren für mich bedeutsam.

Das wichtigste Feedback, welches Sie bekommen, findet nicht auf der Inhaltsebene statt. Nicht, das **was** Ihre Mitarbeiter Ihnen sagen, sondern **wie** sie Ihnen etwas sagen, ist wichtig!

Das ist ein wichtiger und zentraler Punkt von Führung. Die meisten Führungskräfte glauben tatsächlich, dass der Inhalt der Kommunikation wichtig sei. Und ich sage Ihnen: Führung hat weniger mit Inhalten zu tun, sondern eher mit „zwischen den Zeilen lesen".

Sie sind als Führungskraft selten der Beste in dem Fachgebiet, welches Sie verantworten. Ihre wichtigste Führungskompetenz sind Menschenkenntnisse, zu wissen, ob Menschen Ihnen „Tatsachen" oder „Wunschdenken" berichten, ob sie Schwierigkeiten haben und Hilfe benötigen. Für Sie ist es wichtig, zu erkennen, ob Sie eingreifen müssen, damit der Job erfolgreich vom Mitarbeiter erledigt werden kann.

## Das „Wie" entscheidet

Wenn Ihnen jemand sagt, dass er Sie mag, monoton, und sieht dabei mit einem grimmigen Gesicht zu Boden, glauben Sie Ihm? Glauben Sie dem Inhalt oder eher der Struktur?

Wenn Sie auf einer strukturellen Ebene nicht das Feedback bekommen, welches Sie gerne hätten, dürfen Sie etwas verändern. Und dem Inhalt brauchen Sie dann keine Beachtung zu schenken.

Setzen Sie sich mit Menschen auf einer strukturellen Ebene auseinander, auf der WIE-Ebene – nicht auf der inhaltlichen, auf der WAS-Ebene. Und das hat sehr viel mit Kommunikation zu tun. Inhalt können viele verstehen – Struktur nur die Besten!

Mir war der Inhalt, welcher mir auf diesem Status-Meeting berichtet wurde, egal. Ich habe mir im Anschluss des Meetings vom Mitarbeiter eine belastbare Einschätzung seiner Probleme geben lassen und dann Maßnahmen ergriffen, um ihm zu helfen. Ich habe das unter vier Augen getan.

Sie erhalten in den seltensten Fällen eine belastbare Schilderung von Problemen in Meetings. Suchen Sie das bilaterale Gespräch, das Gespräch zu zweit, damit der andere sein Gesicht wahren kann und seine Einschätzungen ungefiltert kommunizieren kann, ohne dass er sich vor den Kollegen profiliert, produziert oder – aus welchen Gründen auch immer - zurückhält.

Wir nehmen soviel über Gestik, Mimik, Körperhaltung, Tonalität wahr. Für all' das dürfen Sie wach sein bzw. werden. Müssen Sie dazu ein Körpersprache-Seminar von Sammy Molcho besuchen? Nein, müssen Sie nicht. Wenn Sie wollen, dürfen Sie es.

Sie könnten sich auch auf den Standpunkt stellen, dem Mitarbeiter das erfolgreiche Kommunizieren beizubringen – dann machen Sie am besten ein Schulungsinstitut auf. Verantwortlich für den Erfolg sind jedoch immer noch Sie – auch wenn Sie den Ball über Bande spielen, Sie spielen den Ball.

Wir beeinflussen Menschen – im gegenseitigen Einvernehmen – zum Erreichen eines gemeinsamen Ziels. Wir bringen Menschen dazu, über sich hinaus zu wachsen, Dinge zu tun, welche Sie alleine nicht getan hätten.

Der Mitarbeiter ist, wie er ist. Nicht der Mitarbeiter muss anders kommunizieren. Als Führungskraft ist es nicht Ihre Aufgabe, Mitarbeiter umzuerziehen.

Erfolgreiche Führungskräfte zwingen Menschen nicht zur Änderung; sie biegen sie nicht zurecht. Das wäre Manipulation.

Ihre Aufgabe ist es, die Stärken der Mitarbeiter zu erkennen, sie zu entwickeln und diese dann möglichst effizient ins Team, in die Abteilung, ins Unternehmen einzubinden. Führungskräfte sind Integratoren.

Für eine erfolgreiche Kommunikation ist nicht entscheidend, dass Sie Techniken und Methoden beherrschen. Entscheidend ist, dass Sie ein Bewusstsein und eine Sensibilität dafür entwickeln, was Sie beim Mitarbeiter mit Ihrer Kommunikation bewirken.

Dazu reicht es vollkommen aus, dass Sie Ihrer Feedback-Schleife vertrauen, und dass Sie solange etwas ändern, bis das Ergebnis stimmt. Den Rest lernen Sie im täglichen Umgang mit Menschen.

Und wenn Sie ein Feedback bekommen, was Sie nicht erwartet haben, dann machen **Sie** etwas anders! Die Verantwortung über den Erfolg der Kommunikation liegt bei **Ihnen**.

Es gibt einen Haken an der Sache: Mitarbeiter können Sie missverstehen und genau das Feedback geben, von dem er glaubt, dass Sie es hören wollen. Er eilt mit seinem Gehorsam voraus, obwohl er in Wirklichkeit doch eine ganz andere Vorstellung von Welt hat.

Sie können jeden Menschen dazu bringen, das zu bekräftigen, was Sie hören wollen. Schauen Sie sich dazu einmal eine Vorstellung von „Gedankenleser" Thorsten Havener an oder lesen Sie sein Buch „Ich weiß, was Du denkst."[24] Er liest keine Gedanken, sondern arbeitet mit Suggestionen. Es ist beeindruckend, wie er wildfremde Menschen in der U-Bahn oder in einem Baumarkt dazu bringt, Dinge zu tun und zu sagen, welche er vorher vorbereitet hat.

Und dann gibt es noch den Effekt, dass Sie als Autoritätsperson wahrgenommen werden. Sie sind ja schließlich der Chef. Und was der Chef will, das wird gesagt – aber noch lange nicht gedacht. Und das passiert in Unternehmen häufiger, als Sie denken.

Mitarbeiter erzählen uns häufig etwas, von dem sie glauben, dass wir es hören wollen. Und es darf bitteschön nicht negativ sein. Dem Überbringer schlechter Nachrichten ging es bekanntlich am Ende an den Kragen.

Doch als Führungskraft wollen Sie gerade das hören, was nicht funktioniert, wo Sie eingreifen müssen. Sie wollen nicht hören, es wäre alles in bester Ordnung – obwohl es nicht stimmt.

In einem Projekt, welches ich als Krisenmanager übernommen hatte, gab es montags ein Teilprojektleiter-Meeting, in welchem der bereits freitags schriftlich abgegebene Statusbericht wiederholt vorgetragen wurde. Ich hatte dieses Meeting von meinem Vorgänger „geerbt". Im Prinzip hatten die Teilprojektleiter das erzählt, was ich ohnehin bereits nachlesen konnte.

Jeder Teilprojektleiter hatte sich vor seinen Kollegen so dargestellt, als wäre bei ihm alles in bester Ordnung. Den wahren Status des Projektes habe ich in diesem Meeting nie erfahren.

Dieses Phänomen gibt es in vielen Projekten: Meetings werden als Selbstdarstellungsplattform genutzt, nicht zur offenen Kommunikation. Es wird Politik gemacht und Befindlichkeiten kommuniziert.

Projektmitarbeiter halten so lange negativen Botschaften zurück, bis ein anderer sie kommuniziert; dann fällt die eigene Hiobsbotschaft nicht mehr ins Gewicht. Ich nenne das Projekt-Mikado: Wer sich zuerst bewegt, hat verloren.

Unterschätzen Sie bitte nicht diese Gruppenpsychologie. In solchen Konferenzen wird alles erzählt, was die Kollegen und auch Sie hören wollen, nicht das, was Sie als Führungskraft hören müssten.

**Reden Sie mit Menschen überwiegend bilateral.** Machen Sie besser so etwas wie ein Coaching, und fragen Sie: „Wie kann ich Ihnen helfen, Ihre Ziele und unsere gemeinsamen Ziele zu erreichen?"

**Reden Sie mit Ihren Mitarbeiten in einer offenen Atmosphäre des gegenseitigen Respektes.** Hören Sie ihnen zu – auf einer strukturellen Ebene. Inhalte können Sie in irgendwelchen Berichten nachlesen.

**Sehen Sie sich als jemand, der den Weg für andere frei macht.** Bringen Sie Ihre Mitarbeiter in eine Position, aus welcher heraus sie ihre Stärken einsetzen können.

Da ich die oben erwähnte Sitzung nicht abschaffen konnte, habe ich sie kurz gehalten. Als „Ersatz" habe ich mit jedem einzelnen Teilprojektleiter einen festen, einstündigen Termin für ein Gespräch unter vier Augen vereinbart.

In diesen Jour Fixes konnte sowohl die Führungskraft als auch ich, als Gesamtverantwortlicher offen Meinungen und Einschätzungen austauschen. Dort habe ich wichtige Punkte aufgenommen und auch kommuniziert. In diesen Terminen konnten wir „Tacheles" reden.

Hinzu kamen noch Termine mit den Mitgliedern des Lenkungsausschusses, auch unter vier Augen, um laufend einen Status zu kommunizieren und auch Hilfe einzufordern.

Auch hier gilt für Sie als Mitarbeiter: Helfen Sie Ihren Chefs und Auftraggeber die notwendigen Informationen zu erhalten. Suchen Sie das offene Gespräch unter vier Augen.

# Lektion 1 der „Führschule"

Ich fasse das bis hierhin Gesagte kurz zusammen: Entscheidend ist, dass Sie Verantwortung übernehmen, nicht nur für das, was Sie tun, sondern auch für das, was Ihnen begegnet. Auch Ihre Mitarbeiter gehören dazu. Und Verantwortung bekommen Sie nicht verliehen oder aufgebürdet.

Erinnern wir uns noch einmal an G.B. Shaws „Freiheit bedeutet Verantwortung". Freiheit ist keine Last und jeder hat die Freiheit, seine eigene Welt zu erschaffen. Auch Sie können auf Ihre Mitarbeiter Einfluss nehmen, Ihre Beziehungen neu gestalten.

Wie gehen Sie denn nun verantwortungsvoll mit Mitarbeitern, mit Menschen um? Lassen Sie mich das einmal mit einem Führerschein für Kraftfahrzeuge vergleichen: Sobald Sie in eine Fahrschule gehen, lernen Sie in Theorie und Praxis, wie Sie ein Fahrzeug führen. Aber in welcher Schule lernen Sie in Theorie und Praxis Menschen zu führen?

Menschen zu führen ist sicher um einiges verantwortungsvoller und scheint doch um soviel einfacher zu sein.

Doch was sind die Mindestanforderungen an eine Führungskraft, und erfüllen Sie diese? Haben Sie eine „Führschule" besucht?

Im Umgang mit Menschen wird sehr viel Unheil angerichtet, da wäre es manchmal nicht verkehrt, dass ein „Führlehrer" Führungskräfte beobachtet, um ihnen ein Feedback zu geben. Wir haben in Deutschland viele Verkehrsunfälle, da macht das Erwerben eines Führerscheins in einer Fahrschule zunächst einmal Sinn.

Auch im Bereich der Menschenführung gibt es Opfer und Unfälle: hier werden keine Statistiken geführt. Theoretisch können Sie Seminare besuchen und Bücher lesen oder Vorträge hören, doch gehört das praktische Training unbedingt zu jedem Führerschein dazu.

Ich habe bei der Bundeswehr als militärische Führungskraft sowohl eine theoretische als auch eine praktische Ausbildung erhalten. Dort habe ich beispielsweise gelernt: es gibt verschiedenen Formen von Autorität und verschiedene Führungsstile. Wir unterscheiden persönliche, formale und fachliche Autorität.[25] Es gibt den autoritären, den Laissez-faire-Stil, den kooperativen Führungsstil.[26] Ich habe mich natürlich bemüht, alle verschiedenen Autoritätsarten in meiner Arbeit zu nutzen.

Und wenn ich heute gefragt werde, was mein Führungsstil ist, so antworte ich vielleicht: der situative Führungsstil[27], welcher dem Kontext, dem Reifegrad des Mitarbeiters angepasst ist. Oder wenn, Sie mich an einem anderen Tag fragen, antworte ich vielleicht, dass mir doch eher die Transformationale Führung[28] liegt.

Ich halte nicht viel von Festlegungen auf einen Führungsstil. Die Forschung wendet sich zurzeit den firmenspezifischen Führungskompetenzen[29] zu. Für Menschen, welche eine Methode brauchen und an die Statistik glauben, wird das vielleicht eine gute Sache. Ich dagegen wähle die 100 % Lösung.

Es ist viel einfacher, Menschenführung zu trainieren. Dazu müssen Sie nicht auf einen Übungsplatz oder unter Aufsicht eines Lehrers. Sie haben jeden Tag, bereits jetzt schon die Möglichkeit, Menschen zu führen. Und ein Feedback erhalten Sie doch so oder so, richtig?

## Die sechs Prinzipien menschlicher Führung

Führen ist ganz leicht, sobald Sie die **sechs Prinzipien** beherzigen. Ich gebe sie Ihnen, weil es eine der grundlegenden Erfahrungen ist, dass es uns Menschen leichter fällt, mit Prinzipien, mit ganz wenigen Leitsätzen unser Leben zu gestalten.

Die sechs Prinzipien, welche ich Ihnen nennen werde, sind meine Mindestanforderung an eine erfolgreiche Führungskraft. Und zwar nicht, weil sie wahrer, wichtiger und essentieller wären als andere Prinzipien: Aus Erfahrung weiß ich, bei Anwendung dieser Leitsätze bekomme ich die besseren Ergebnisse.

Hören Sie sich zunächst einmal meinen Standpunkt an, bevor Sie das nachfolgende für unmöglich halten oder widersprechen möchten.

Und dann denken Sie daran: Was ich Ihnen zu sagen habe, ist nicht „richtig" oder „falsch". In meiner Welt bekomme ich bei Anwendung der Prinzipien bessere Ergebnisse. Sie funktionieren – in meiner Welt.

Es ist an Ihnen, sie doch einfach einmal auszuprobieren. Und falls sie nicht funktionieren, dann machen Sie etwas anderes.

Oder Sie schicken mir Ihr Feedback und wir entwickeln gemeinsam ein neues, besseres Prinzip.

Hier sind nun die 6 Prinzipien in einer Übersicht:

- Jeder hat sein eigenes Modell von „Welt"!
- Menschen haben alle Ressourcen, die sie benötigen, um erfolgreich zu sein!
- Körper, Geist und Seele sind eine Einheit!
- Jedes Verhalten hat eine positive Absicht!
- Jeder Mensch handelt in jeder Situation nach bestem Wissen und Gewissen!
- Wenn etwas – im Sinne der Zielerreichung – nicht funktioniert, mach' etwas anderes!

## Jeder in seiner Welt

Jeder Mensch ist anders, er ist ein Individuum. Selbst eineiige Zwillinge erleben aus unterschiedlichen Perspektiven, nehmen andere

Informationen für wahr und formen daraus ihr eigenes Modell von Welt.

Was heißt das „Modell von Welt"?

Nun, zunächst sind es nicht die Geschehnisse selbst, die wir durch unsere fünf Sinne wahrnehmen, sondern es sind Nervenreize, welche unsere Gehirne verarbeiten.

Jeder Mensch hat andere bevorzugte Sinne. Wie diese Bevorzugung im Laufe eines Lebens entsteht, ist hier nicht von Bedeutung. Wichtig ist in diesem Moment nur, dass der Eine lieber etwas sieht, der Andere möchte es eher hören oder fühlen.

Jeder Mensch codiert „Welt" in seinem Gehirn anders.

Aus den Sinnesreizen erzeugt das Gehirn ganz einzigartige Muster, welche wir mit Bilder, Töne, Gefühle, Geschmack und Geruch beschreiben könnten. Wir formen aus diesen Nervenreizen, aus diesen Stellvertretern der tatsächlichen Sinneseindrücke unser Weltbild.

Der Begriff „Weltbild" bevorzugt bereits das Sehen. Wir könnten auch „Weltklang" oder „Weltgefühl" sagen. Diese drei Wahrnehmungskanäle sind bei 95% der Menschen die bevorzugten, von denen wiederum ein Kanal bei allen Menschen deutlicher wahrgenommen wird.

Ereignisse werden im Gehirn eher als eine Mischung, also einer komplexen Kollage von Sinneseindrücken gespeichert. Und diese Kollage ist nur ein Modell der „wirklichen" Welt da draußen. Wir könnten auch sagen: Wir haben im Kopf eine Landkarte; diese ist nicht das Gebiet, das sie beschreibt.

Sobald wir uns an Erlebtes erinnern, sind es genau diese Sinneswahrnehmungen, welche erinnert werden – mit einigen zusätzlichen Qualitäten – wir machen später hierzu ein kleines Experiment.

Es gibt Menschen, die vornehmlich Bilder und Filme erinnern bzw. auf visuelle Reize reagieren. Einer bevorzugt dann eher das Gehörte, reagiert auf auditive Reize, ein Anderer erlebt eher das Gefühlte, verarbeitet kinästhetische Reize.

- Visuelle Menschen, Augenmenschen, benötigen ein Bild oder einen Film, um etwas klar zu sehen.
- Auditive Menschen, Ohrenmenschen, müssen etwas hören oder gesagt bekommen, damit es stimmig ist oder gut klingt.
- Kinästheten, Gefühlsmenschen, müssen ein Gefühl für eine Situation bekommen, um sie zu begreifen.

Viele Missverständnisse entstehen dadurch, dass Gesprächspartner unterschiedliche Wahrnehmungskanäle bevorzugen. So entstehen häufig Kommunikationsproblem in Partnerschaften: Er empfängt und sendet im auditiven Kanal, sie dagegen im visuellen.

Vielleicht haben Sie es auch schon bemerkt: Allein die Wortwahl Ihres Gesprächspartners verrät Ihnen seinen bevorzugten Wahrnehmungskanal. Er sagt Ihnen Dinge wie „transparent", „stimmt", „verkneifen".

Zusätzlich erkennen Sie den bevorzugten Wahrnehmungskanal, indem Sie auf die Sprechgeschwindigkeit achten:

Da ein Bild mehr sagt als tausend Worte, brauchen **Augenmenschen** viele Wörter und haben zu wenig Zeit, alles zu beschreiben; sie werden deshalb schnell reden.

**Ohrenmenschen** brauchen deutliche Unterschiede bei den akustischen Reizen, d.h. sie werden eher wie ein Radiosprecher genau artikulieren und die Sprachmelodie wird eher einem Singsang ähneln.

**Gefühlsmenschen** haben tiefe Empfindungen, deren Wahrnehmung und Beschreibung Zeit braucht. Sie machen längere Pausen und sprechen eher langsamer.

Sollten Sie herausgefunden haben, dass ein Mitarbeiter visuell ist, sollten Sie schneller sprechen und Worte benutzen wie „haben Sie einen Bild", „ist es Ihnen klar geworden", „transparent", „Ich zeige es Ihnen".

Bei Menschen welche auditiv sind, verändern Sie häufiger die Tonlage und verwenden eher Begriffe wie „klingt gut", „ist stimmig", „harmonisch", „ich sage Ihnen", „Wie hört sich das für Sie an".

Und sobald Sie einen Menschen führen, von dem Sie wissen, dass er den kinästhetischen Kanal bevorzugt, sprechen Sie langsamer und benutzen Begriffe wie „begreifen", „wie fühlt es sich für Sie an", „Atmosphäre", „warm", „angenehm". „Verstehen" passt sowohl bei kinästhetischen als auch bei den visuellen Menschen.

Das ist übrigens für Sie als Kommunikator äußerst wichtig: Ein Mitarbeiter versteht Sie umso besser, je mehr Sie im vom ihm bevorzugten Kanal senden.

Übrigens kann der bevorzugte Wahrnehmungskanal in verschiedenen Situationen, Familie, Beruf und Liebe, unterschiedlich sein: Jemand kann bei der Arbeit „visuell" sein, zuhause aber „kinästhetisch".

Der bevorzugte Wahrnehmungskanal ist nur ein Aspekt eines Modells von Welt. Es gibt noch viele andere, komplexere Faktoren, auf die ich noch im Laufe dieses Buches eingehen werde.

Ich gehe später noch ausführlich auf die Motivation und die Informationsverarbeitung ein, welche bei jedem Menschen anders sein kann. Auch hier gibt es kein „richtig" oder „falsch". Menschen sind, wie sie sind.

Passen Sie Ihre Kommunikation dem individuellen Weltbild Ihres Gesprächspartners an. Dazu dürfen Sie diesen Menschen erst einmal kennenlernen. Das ist Ihre Verantwortung.

Finden Sie heraus, welche Erfahrungen der Einzelne gemacht hat und wie er *Welt* modelliert. Jeder lebt ja in seinem eigenen Modell von Welt.

Der Talmud sagt:

**„Wir sehen die Dinge nicht wie sie sind, sondern wie wir sind."**

Im Kontext von „Führung" heißt das: Sobald Sie sich in Ihrer Welt entschieden haben, wirksam zu sein und Mitarbeiter zu entwickeln, werden Sie effektive, fähige und erfolgreiche Mitarbeiter vorfinden. Die Menschen werden zu Ihnen kommen, werden sich Ihnen anvertrauen und alle werden von Ihrer neuen Sicht profitieren.

Sie können es auch „sich selbst erfüllende Prophezeiung" nennen, oder „Gesetz der Anziehung". Es ist egal, wie Sie es nennen: es funktioniert! Im positiven und im negativen Sinn.

Doch in meinem Modell von Welt brauchen wir keinen Mechanismus oder ein Gesetz: ich sehe den Menschen in seiner Einzigartigkeit; und er entscheidet darüber, welchen Bereich der *Wirklichkeit* er bewusst wahrnehmen will.

Wenn wir den Neurologen und Psychologen glauben wollen, kommen über unsere Sinnesorgane Millionen bis Milliarden Bits (Informationseinheiten) pro Sekunde in unser Gehirn. Davon werden nur wenige 100 Bits pro Sekunde verarbeitet.

Jeder Mensch wählt seinen ganz persönlichen Ausschnitt, welchen er „wahr-"nehmen will. **Welche Wahl treffen Sie?**

## Menschen haben alles

Vielleicht leuchtet Ihnen das zweite wichtige Prinzip, das ich Ihnen nahelegen möchte, nicht unmittelbar ein. Dass Menschen alle Mittel oder Ressourcen haben, um erfolgreich zu sein, das wirft bei einigen Menschen sofort Fragen auf.

„Warum tun sich Menschen denn dann so schwer damit, erfolgreich zu werden?" „Was ist *Erfolg* und was sind die Mittel, welche alle Menschen haben, um erfolgreich zu sein?"

Machen wir es einfach und definieren zunächst einmal Erfolg:

**„Erfolgreich zu sein, heißt seine Ziele zu erreichen."**

Ob das nun private oder berufliche Ziele sind, ist vollkommen gleich. Und es ist zunächst einmal egal, ob ich mir selbst Ziele gesetzt habe, oder ob mir jemand dieses Ziel vorgegeben hat.

Also hat jemand, der seine Ziele erreicht, Erfolg. Und damit könnten wir das Prinzip auch so umschreiben:

**Jeder Mensch hat alles, was er benötigt,
um seine Ziele zu erreichen.**

„Moment einmal! Wenn einer nun das Ziel hat, einen Marathon zu laufen, er aber nicht die Ressourcen hat, vielleicht sogar eine Behinderung also nicht die Mittel, dann kann der doch nicht erfolgreich sein!", so könnten Sie einwenden.

Kennen Sie Tom Whittaker? Als Beinamputierter hat er 1998 den Mount Everest bestiegen. Oder Vanessa Low? Sie hält als deutsche Leichtathletin im behinderten Spart den Weltrekord im Weitsprung von 4,12 m. Sie trägt zwei Beinprothesen. Das ist zwar nicht ganz so weit wie Markus Rehm, der mit 7,95 m den Weltrekord bei den behinderten Männern hält. „Irgendwann sind die 8 m drin."

Jeder kann – wenn er will – mit seinen Mitteln Großes erreichen. Vielleicht braucht er dazu ein besonderes Training oder spezielle Hilfen. Doch dann erreichen auch Menschen mit Behinderungen scheinbar Unerreichbares. Und jeder gesunde Mensch hat die Möglichkeit, eine oder zwei Stunden am Tag zu laufen, wenn er es denn wollte.

## ... wollen aber manchmal nicht

Meistens sind es nicht die fehlenden körperlichen Anlagen, die den Erfolg verhindern. Die tatsächlichen Gründe erfahren Sie, sobald Sie den Menschen zuhören, wie sie ihren Misserfolg beschreiben: Da erzählt der eine **„ich kann nicht** …", manchmal mit einem eingeflochtenen „doch", also „ich kann doch nicht …".

Ich habe die Erfahrung gemacht, dass diese Menschen, noch nicht weit, tief oder lange genug nachgedacht haben, um herauszufinden, was sie alles tun könnten, damit sie auch das erreichten.

Und wenn sie nachgedacht haben, dann ist es meist doch ein **„ich will nicht"**. Und dann folgt ein ausgesprochenes oder gedachtes „ … denn ich möchte die Konsequenz nicht tragen."

Diese Konsequenzen können vielfältig sein: Vielleicht geht es darum, eine lieb gewonnene Gewohnheit aufzugeben, oder darum, sein Leben komplett zu ändern. Es könnten auch vorübergehende Doppel-Belastungen sein, oder finanzielle Einschnitte, um z.B. noch einen Abschluss oder Studium nebenbei zu machen.

Dann gibt es Menschen, die sagen **„ich darf nicht** …". Hier werden die Erfolgsverhinderer im Außen gesucht und gefunden. Übersetzt lautet der Satz ungefähr so: „Ich erlaube es mir aus moralischen oder sonstigen Gründen nicht, das zu tun, was ich könnte und eigentlich auch will".

Bei genauer Betrachtung, spielt hier auch das „Ich will nicht" die Hauptrolle: **„Ich will nicht** gegen Regeln verstoßen, die ich mir oder andere aufgestellt haben – ich könnte schon."

Sie sehen, wir kommen bei allen Argumenten immer wieder auf eine Entscheidung, auf ein „Wollen" zurück.

Schauen Sie sich einmal IHRE „ich kann nicht"-Sätze an: Wie einfach es doch ist, aus diesen ein **„ich könnte schon, wenn ich wollte"** zu machen. Probieren Sie's aus!

Nehmen Sie sich einfach einen „Ich kann nicht-"Satz vor, der Ihnen leicht über die Lippen geht, zum Beispiel „Ich kann nicht tanzen". Und jetzt setzten Sie das kleine Wort „noch" ein: „Ich **kann noch nicht** tanzen!" Sie wissen, dass es Tanzschulen gibt.

„Ja, aber ich kann kein Rhythmus halten" Noch nicht! Sie wissen, dass das an Musikschulen oder mit einem Privat-Musiklehrer gelernt werden kann.

„Ja, aber ich bin völlig unmusikalisch!" Noch! Also, in meiner Welt können Sie alles erreichen, wenn Sie es wollten, es gibt ganz wenige Einschränkungen.

**Verwenden Sie bei drohendem „kann nicht" das Zauberwort „noch", und schon ändert sich Ihr Gefühl!**

Mein Freund war erster Solotänzer am Kirov-Theater in Sankt Petersburg. Heute unterrichtet er als einer der besten Ballettpädagogen weltweit Kinder und Jugendliche im Tanz. Es kommt vor, dass Mädchen zu ihm kommen, welche kein Talent fürs Tanzen haben.

Falls die Anlagen fehlen, schafft auch er es dann nicht, diesen Mädchen Pirouetten und Spitzentanz beizubringen. Auch intensives Training und Einzelunterricht helfen da wenig.

Bevor Sie jetzt sagen „Also doch!" Warten Sie einen Moment ...

Gut – nun stellen Sie sich einmal vor, wie sich ein Mädchen fühlt, das Ballerina werden will und sehr viel Zeit ins Training investiert. – Und dann schafft sie es doch nicht, die erhoffte Anerkennung für seine Mühen zu bekommen. Das heißt nicht, dass Mama, Papa, und die Großeltern nicht stolz wären. Doch wenn andere Menschen nur aus Höflichkeit applaudieren, ist das auf Dauer sehr demotivierend.

Spaß machen auf Dauer nur Tätigkeiten, in denen man gut ist. Manchmal fehlt einfach nur etwas Begeisterung für die Sache, um richtig gut zu werden und etwas wirklich zu wollen. Das Entscheidende ist: wenn Sie wollen, haben Sie immer eine Option. **Das Wichtigste ist der Spaß am Einsatz der eigenen Stärken.**

Natürlich ist jeder Mensch frei, sich irgendwelche Ziele zu setzen. Ich habe einmal in Köln auf der Schildergasse einen Straßen-Geiger gesehen, welcher offensichtlich gar nicht spielen konnte. Er kratzte mit dem Bogen über das nicht gestimmte Instrument – und die Leute gaben ihm wahrscheinlich aus Mitleid eine paar Münzen.

Vielleicht war das für ihn ein Erfolg - möglicherweise hatte er nie Unterricht gehabt und vielleicht empfand er die produzierten Geräusche selbst als Musik. Und dafür bekam er ein paar Pfennige.

Merke: Falls wir die Ansprüche nicht sehr hoch setzen, kann fast alles als Erfolg gelten; z.B.: Ich atme!

Gut, ich halte meine Leser für so intelligent, dass sie sich nicht für jeden Atemzug auf die Schulter klopfen. Also kann die Frage nicht sein: „Was kann ich auf jeden Fall und wobei muss ich mich nicht anstrengen." Es darf schon etwas sein, wofür andere einen bewundern.

**Also, was sind passende Ziele, welche Ihrem Stärkenprofil und dem Ihrer Mitarbeiter entsprechen?**

Und das dürfen Sie jeden Tag und bei jedem Mitarbeiter herausfinden.

Mit dem Einsatz ihrer Stärken werden Ihre Mitarbeiter erfolgreich sein. Das ist so, da die ausgeübte Tätigkeit den Stärken des Mitarbeiters entspricht, deshalb sind Erfolge unausweichlich. **Und es macht ihnen Spaß.**

Und auch hier gilt: bevor Sie von Ihren Mitarbeitern klare Ziele verlangen, sollten Sie zuerst für sich Zielklarheit haben. Wissen Sie, wo Sie in einem, fünf, zwanzig Jahren seien werden, was Sie dann tun, wer Sie dann sind?

## Was müssen wir – was dürfen wir

Vielen Menschen stehen ihrem Erfolg selbst im Wege, weil sie glauben, sie müssten etwas tun, was nicht ihren Vorlieben und Stärken entspricht.

Es gibt einen von innen heraus wirkendes „Muss". **Ich muss es einfach tun."** Doch es gibt noch andere Formen. Bessere Differenzierungen fürs „Müssen" z.b. „Er hat zu erscheinen" und „Du sollst nicht ... " gelten jedoch als veraltet.[30]

Wenn jemand das Gefühl hat, er müsste etwas tun, er **darf es aber nicht**, so ist das von innen heraus wirkende Bedürfnis gemeint, welches mit einem von außen wirkenden Zwang kollidiert. Vielleicht vermeidet er nur eine unangenehme Konsequenz, die Kritik an seiner Handlung.

**Grundsätzlich darf jeder Mensch alles tun, wozu er fähig ist, wenn er bereit ist, die Konsequenzen zu tragen - und wenn er nicht andere in ihren Möglichkeiten beschneidet.**

Der letzte Halbsatz ist ein ethischer Anspruch, die Zahl der Möglichkeiten zu erhöhen, mindesten zu erhalten. Damit ist nicht gemeint, dass Sie jeden so behandeln müssen, wie Sie selbst behandelt werden möchten.

Gemeint ist auch nicht, der kategorische Imperativ nach Kant[31] oder irgendein philosophisches Prinzip, dem Sie und alle anderen gehorchen müssten. So etwas ist verstaubt, verknöchert, moralinsauer. So sollte Leben nicht sein.

Es geht nämlich auch anders: Zunächst brauchen wir eine gemeinsame Vision, eine Vorstellung davon, wie wir zusammen leben wollen. Und jeder in der Gemeinschaft sollte dieser Agenda zustimmen können.[32] Sollte dann jemand etwas tun, was im Sinne unserer gemeinsamen Vision nicht funktioniert, **so darf er etwas anders machen** oder wir machen etwas anderes.

Doch meist existiert dieses „ich darf nicht" nur im Kopf, und wir haben noch nicht einmal gefragt. Das Bild, das gemeinsame Ziel wurde meist auch nicht abgeglichen.

Falls Sie bei sich so ein „darf nicht" entdecken, dann fragen Sie doch einmal, ob Sie dürfen! Wer nicht fragt, bekommt auch keine Erlaubnis. Doch wollen Sie wirklich? Dann **sagen Sie, was Sie wollen**!

Viele Menschen glauben, sie müssten Sachzwängen genügen. „Ich würde ja gern etwas anderes machen, aber ich habe ja Verpflichtungen. Eigentlich liegen meine Stärken ja ganz woanders."

Folgendes Zitat eines Cellisten bei der Uraufführung der Ballettmusik „Le sacre du printemps", des Frühlingsopfers von Igor Strawinsky 1913 in Paris drückt das aus: „Nur weil ich eine Frau und zwei Kinder habe, muss ich diese Hölle aushalten."

Lassen wir einmal seine Wertung der sehr außergewöhnlichen Musik beiseite, und betrachten die Motivation des Musikers: etwas aus einer Verpflichtung heraus zu ertragen, spricht nicht für eine „Freiheit der Entscheidung".

Viele Menschen sehen sich genau in so einer Situation, was ihren Job angeht. Sie „ertragen" Situationen, etwas das im Außen ist, weil Sie glauben, es aushalten zu müssen.

Bei genauerem Hinsehen und Erspüren wird deutlich, dass Menschen, die so denken, immer bereits eine Entscheidung getroffen haben. Denn eine Alternative zum Ertragen einer Situation gibt es immer:

**Love it, change it or leave it!**

Und wenn Menschen die Verhältnisse nicht lieben wollen, die Situationen nicht ändern wollen, dann könnten sie doch einfach gehen – und somit die Konsequenzen ihrer Entscheidung tragen!

Doch dazu sind einfach viele nicht bereit. Deshalb **entscheiden sie sich**, den aktuellen Status beizubehalten und nichts zu verändern.

Und was ist mit Ihnen? Sie sind das Vorbild Ihrer Mitarbeiter.

Auch Sie haben die Wahl! Sie haben die Wahl in einem Bereich zu arbeiten, der Ihren Stärken entspricht. Oder Sie haben die Wahl, sich zu verändern, falls Sie das bisher nicht getan haben, und dann die Konsequenzen zu akzeptieren. Das kann auch heißen, anderswo mit Ihren Stärken erfolgreich zu sein.

Auch wenn wir nicht erfolgreich sind, wir sind doch immer selbst dafür verantwortlich. Denn die Erfolgsverhinderer sind alle im Kopf: Ich bin nicht bereit, die Konsequenzen zu tragen. Ich traue mich nicht zu fragen, ich kann doch nicht ….

**Machen Sie doch einfach! Fangen Sie an und fragen Sie!**

Falls Sie glauben, da gibt es noch irgendwelche Hindernisse, irgendwelche Leute, die Ihnen sagen: „Das darfst Du nicht!", dann fragen Sie doch einfach diese Leute, was sie dagegen haben könnten! Und denken Sie darüber nach, wie einfach es sein könnte, die Konsequenzen zu akzeptieren.

**Wenn Ihre Ergebnisse stimmen, dann werden Sie sehen, wie viel Zuspruch Sie erhalten und dass Sie auch dürfen – wenn Sie wollen.**

In dem Film „Shift"[33] des Hollywood Regisseurs Michael Goorjian über und mit dem amerikanischen Psychologen Wayne W. Dyer gibt es eine Szene, in ein Vorstand und seine Ehefrau im Foyer eines Hotels auf einen ehemaligen Mitarbeiter des Vorstandes treffen. Die Situation ist etwas angespannt, die Ehefrau des Vorstandes fast peinlich berührt, nachdem der ihr unbekannte Mann sich als ein gefeuerter Mitarbeiter zu erkennen gegeben hat. Später am Abend trifft die Ehefrau des Vorstandes diesen Mann wieder. Er begrüßt sie freundlich und kommt mit ihr ins Gespräch. Sie sieht sich genötigt, sich dafür zu entschuldigen, dass ihr Ehemann ihn entlassen hat. Er jedoch winkt ab und erklärt, es sei das Beste gewesen, was ihm bis dahin passiert sei. Er sei dankbar für die Entlassung. Nachdem er seinen Job, den er sowieso nicht sehr mochte, verloren hatte, habe er seine Stärke entwickeln können, nämlich die Musik. Er war bei dem Event im Hotel der Sänger einer Band.

Ich wiederhole mich nur zu gern: Jeder Mensch kann rundum, auch im Job, glücklich sein! – Und was können Sie als Führungskraft dazu tun?

**Nötigen Sie Ihre Mitarbeiter nicht, Dinge zu tun, für die sie nicht geeignet sind!** Das führt auf der einen oder auf der anderen Seite nur zu Frustration.

Sie dürfen ganz offen mit Menschen reden; nicht nur aus Interesse an der zu erfüllenden Aufgabe, sondern auch aus einem ernsthaften Mitgefühl für und aus wirklichem Interesse an Menschen. Aus diesem menschlichen Interesse heraus entstehen fruchtbare Gesprächssituationen, die auch dazu führen können, dass Mitarbeiter gehen und ihre Stärken woanders leben. So einfach ist das.

**Schwierig wird es nur, sobald Sie sich Gedanken darum machen, was andere Leute denken könnten.**

Da gibt es Leute, die sobald sie die Bühne betreten, sich sorgen, was das Publikum, was eine Person in der 5. Reihe 2. Sitz links über sie denkt. Meist antworte ich darauf: „Wissen Sie, die denken gar nichts über Sie. Die haben gar keine Zeit. Die sind viel zu sehr damit beschäftigt, darüber nachzudenken, was andere über sie denken könnten."

**Leben Sie nicht das Leben anderer!** Seien Sie kongruent! Seien Sie ein Vorbild und vor allem **Sie selbst** - authentisch! Und gehen Sie herzlich mit anderen Menschen um!

In der Pause eines Seminars stellte mir ein Teilnehmer folgende Frage: „Her Bojahr, ich habe zwar verstanden, was Sie mir damit sagen wollen, dass es wichtig sei, meine Mitarbeiter zu mögen, wirklich an ihnen interessiert zu sein. Jetzt habe ich da aber einen Mitarbeiter, mit dem komme ich gar nicht klar. Es fällt mir schwer, ja es ist für mich unmöglich, ihn zu mögen oder mich für ihn zu interessieren. Was kann ich denn da tun?"

Sie können folgendes tun: Zunächst dürfen Sie glauben, dass jeder Mensch etwas an sich hat, ist oder war, was liebenswert ist. Irgendjemand hat ihn bereits geliebt, die Mutter, der Vater, als kleines Baby, die ersten Freunde, die eigenen Kinder. Irgendjemand hat diesen besonderen Menschen aus sich selbst heraus gemocht, ja geliebt. Irgendetwas hat ihn vor anderen ausgezeichnet.

Der zweite Schritt ist, etwas zu finden, und sei es eine Kleinigkeit, ein körperliches Merkmal oder auch ein Verhalten, was Sie an dieser Person mögen. Machen wir es nicht zu schnell, sagen wir: mögen könnten. Es kann sein sympathisches Lächeln sein, ein Blinzeln, ein gepflegtes Äußeres, eine tolle Uhr am Handgelenk, die Art von den Kindern zu reden; irgendetwas werden Sie finden. Tauchen Sie in die Welt des anderen ein.

Während meiner Ausbildung zum Kommunikationstrainer erzählte mein Trainer, ein Schauspieler, vor welchen Herausforderungen er sich gestellt sah, als er während seiner Ausbildung Liebesszenen mit wechselnden Partnerinnen spielen musste. Das war gar nicht so einfach: die Frauen in seiner Gruppe waren alle nicht sein Typ, er fand die wenigsten attraktiv.

Er hatte damals einen Trick verraten bekommen, sich in eine Kleinigkeit des Gesichts „zu verlieben". Bei der einen Kollegin war es das kleine Muttermal, bei einer anderen die langen Wimpern. Und dann galt es seine Aufmerksamkeit auf dieses kleine Merkmal zu lenken und verliebt zu diesem Merkmal zu sprechen bzw. mit ihm die Szene zu spielen. So wird das Schauspiel authentisch.

Und der dritte und letzte Schritt: Finden Sie dieses Merkmal bei einem Mitarbeiter, welchen Sie bisher nicht gemocht haben, und machen Sie diese liebenswerte Kleinigkeit in Ihrer Vorstellung richtig groß. Ihr Gegenüber merkt das, und sofort herrscht eine offene und herzliche Atmosphäre.

## Mensch als ganzheitliches Wesen

Was Sie denken und fühlen kommunizieren Sie auch körperlich! Ich könnte Ihnen von einigen Neurobiologen und Psychologen die wildesten, besten und neuesten Theorien vortragen, wie das möglich ist und sogar funktioniert. Doch ich möchte Ihnen die Geschichte ganz anders erzählen.

Die Differenzierung von Körper und Seele war wohl das Ergebnis eines theologischen Erklärungsversuches: Warum sind Menschen intelligenter, fühlender und den Tieren überlegen? Antwort: Den Menschen wurde der Geist Gottes, der Odem eingegeben, was gleichbedeutend ist mit ihrer Seele.

Es gibt einen Grund, warum ich „Differenzierung" statt „Trennung von Körper und Seele" geschrieben habe. Trennung setzt zunächst einmal eine Trennbarkeit voraus. Auch setzt es voraus, dass Seele und Körper von einander verschieden sind. Andere Kulturen, wie zum Beispiel die japanische sehen das teilweise ganz anders.

Der Robot-Ingenieur Prof. Masahiro Mori, der Großvater des von Honda gebauten Roboters ASIMO[34] sagte bereits in den 70er Jahren des letzten Jahrhunderts, er glaube, dass ein Roboter die Buddha-Natur, die Fähigkeit zur Erleuchtung habe.

Was wäre denn für einen Roboter dann „der Geist" und was ist „die Seele"? Es sieht so aus, als ob die Trennung zwischen belebter und unbelebter Materie in asiatischen oder indianischen Kulturen nicht so scharf ist wie in der europäisch-angloamerikanischen Kultur.

In meiner naturwissenschaftlichen Ausbildung wurde mir beigebracht, dass Geist und Seele bestenfalls aus Materie, aus der Körperlichkeit entsteht. Wenn unsere Gehirne „richtig" funktionieren, erzeugen sie Geist und auch Seele.

Also, zunächst wäre da Materie und durch komplexe Wechselwirkung der einzelnen Ausprägungen, Bestandteile eines Systems entsteht Geist - und vielleicht auch Seele, was wir auch immer darunter verstehen wollen.

Die neuesten physikalischen Erkenntnisse beschreiben das ganz anders. Und in meinem heutigen Model von Welt gibt es keine Trennung von Körper, Geist und Seele.

Ich zitiere den Physiker Dr. Hans-Peter Dürr, emeritierter Professor der Universität Göttingen sinngemäß. Am Ende seines beruflichen Weges als Teilchenphysiker musste er erkennen: so etwas wie Materie gibt es gar nicht. Er hatte sich Jahrzehnte lang mit einem Phantom beschäftigt.

Seine heutige Auffassung fasst er wie folgt zusammen: Materie ist „geronnener, sklerotisierter, verkrusteter Geist"[35]. Schlacke unseres Bewusstseins. Je tiefer er in Materie eingedrungen ist, desto mehr wurde ihm bewusst, dass da nur Strukturen, kein Inhalt und auch keine Substanz ist, nur Verhältnisse und die ließen sich am besten mit „Bewusstsein" oder „Geist" beschreiben.[36]

Wir können die noch heute verbreitete naturwissenschaftliche Sicht „zuerst ist da Energie/Materie und aus ihr folgt alles andere" einfach umdrehen: Anstatt anzunehmen, Materie bzw. Energie sei zuerst dagewesen und Bewusstsein entstehe aus ihren Wechselwirkungen, können wir genauso gut annehmen, dass Bewusstsein zuerst dagewesen ist und dass Materie nur geronnener Geist ist, also aus seinen Wechselwirkungen entsteht.

Sobald wir das annehmen, folgt daraus, dass alles was wir an materiellen Dingen, Wohlstand und Reichtum, sehen, durch uns, durch Geist und Bewusstsein erzeugt wurde.

Auch hier gibt es keine „richtig" und kein „falsch", nur: Was funktioniert besser? Ich finde, das ist ein alternatives Modell von Welt, das uns noch mehr Möglichkeiten eröffnet, weil wir darin Schöpfer sind. In diesem Modell von Welt erschaffen wir Wirklichkeit – und zwar physikalisch.

Dieses Buch kann und will diesen Punkt nicht erschöpfend darstellen und diskutieren – ein entsprechendes Projekt ist bereits in Arbeit.

Hier erwähne ich diese Sicht nur, damit Sie vielleicht einmal Ihre Vorstellungen von „Welt" im materialistischen Sinne überdenken und etwas aufweichen. Sie erhalten die besseren Ergebnisse. Bedenken Sie: Selbst Teilchenphysiker sind von der materialistischen Weltsicht nicht mehr überzeugt.

Sie können es nennen wie Sie es wollen: Materie, Geist, Bewusstsein, Körper, Seele, ... - sie sind heute sogar wissenschaftlich d.h. physikalisch gesehen eine Einheit und als eine solche Einheit sollten wir Menschen auch im beruflichen Kontext behandeln.

Sie haben keine Maschine vor sich, welche eine Arbeit erledigt. Ihr Mitarbeiter ist ein soziales Wesen, mit Bedürfnissen, mit Meinungen, mit Gedanken, mit Gefühlen. Mitarbeiter wollen geliebt, geachtet, beachtet, gelobt werden.

In einem Führungskräfte-Seminar würden Sie eine etwas vollständigere Sicht auf menschliche Bedürfnisse erhalten, z.B. die Bedürfnishierarchie nach Maslow auch kritisch diskutieren[37]. Hier soll der Hinweis ausreichen, dass es oberhalb der materiellen Bedürfnisse wie „Nahrung", „Schlaf", „Sicherheit" auch noch immaterielle Bedürfnisses gibt wie zum Beispiel „Anerkennung" und „Selbstverwirklichung".

Mitarbeiter sind Menschen, ganzheitliche Wesen. Sie sind nicht nur Arbeitskraft, keine Mitarbeiterkapazitäten (MAK) und auch keine Full-Time-Equivalent (FTE)[38] – allein diese Begriffe reduzieren den Menschen auf seine körperliche und geistige Leistungsfähigkeit, im Sinne einer zu erledigenden Aufgabe im unternehmerischen Kontext. Das ist zu wenig!

Unternehmen sind für Menschen da, Menschen sind nicht nur dazu da, damit Unternehmen funktionieren.

Nicht der Mitarbeiter darf dankbar sein, dass er in einer so hervorragenden Firma, unter einem so großartigen Chef arbeiten darf. Sie dürfen dankbar sein, dass ein Mitarbeiter bereit ist, seine Persönlichkeit, seine Stärken in „Ihr" Projekt einzubringen. Und dafür dürfen Sie ihn zumindest mit Ihrer Anerkennung belohnen.

Andrew Carnegie[39], der große amerikanische Stahlunternehmer, der sich vom einfachen Arbeiter zum Dollar-Milliardär hochgearbeitet hatte, wurde einmal von Napoleon Hill[40] befragt, wie sein Führungsteam aussähe. Und Carnegie erzählte von seiner „Mastermind-Alliance"[41]. Er erzählte von seinem Geschäftsführer, vom Finanzchef, von seinem Chefmetallurgen, von seinem Personalchef, vom Chef-Buchhalter und von vielen anderen.

Hill bekam den Eindruck, dass Carnegie keine Aufgabe mehr zu erledigen hätte. Also fragte er ihn: „Mister Carnegie, was ist denn dann Ihr Job?" Der antwortete: „Mein Job ist dafür zu sorgen, dass alle in perfekter Harmonie miteinander und füreinander auf ein gemeinsames Ziel hinarbeiten. Und jedes Mitglied dieser Allianz bekommt von mir, und von uns allen, das, was er finanziell, emotionell, intellektuell braucht. Jeder wird auf seine Art belohnt. Und Sie wären erstaunt, wie wenig Leute finanziell belohnt werden wollen – Anerkennung ist viel wichtiger."[42]

Mitarbeiter brauchen Anerkennung, einen Sinn, Orientierung – und die können Sie ihnen geben. Das ist in der heutigen Zeit vielleicht die zentrale Aufgabe einer Führungskraft. Sie müssen Menschen nicht nur mit materiellen Dingen entlohnen. Sie können Sie mit Geist und Seele belohnen, mit Anerkennungen und Auszeichnungen, mit Lob und Dankbarkeit.

**Führen Sie Ihre Mitarbeiter mit Körper, Geist und Seele, denn sie sind Körper, Geist und Seele.**

Ja, dann wird auch die obligatorische Weihnachtsfeier wieder wichtig. Geburtstage dürfen gefeiert werden, ein nettes Wort zum Beginn des Tages, ein Lächeln am Morgen hilft durch so manche Anstrengung und einen fordernden Arbeitstag. Alles das wird wieder wichtig, sobald Sie in Ihren Mitarbeiter die Einheit von Körper, Geist und Seele erkennen.

## Positive Absicht jeden Verhaltens

Sobald Sie ein wirkliches Interesse an Menschen haben, ist Ihr Führungsverhalten auf jeden Fall mit einer positiven Absicht verbunden.

Aus Ihrer Perspektive stimmen Sie dann der Aussage zu, dass Ihr Verhalten – in diesem Kontext – eine positive Absicht hat. Und wie ist das mit dem Verhalten Ihrer Mitarbeiter oder dem anderer Menschen?

Gerade dieser Punkt macht den Teilnehmern meiner Seminare jedes Mal schwer zu schaffen. Jedes Verhalten, eines jeden Menschen soll eine positive Absicht haben? Das kann nicht sein! Auch das von Kriminellen?

Bei einem Vortrag war gerade die vermeintliche Steuerhinterziehung eines Prominenten das große Thema in den Medien. Ein Teilnehmer sah gerade hier die Widerlegung dieses Prinzips: „Wenn Sie sagen, dass jedes Verhalten eine positive Absicht hat, wo ist die denn dann bei diesem Herrn?"

Ich weiß nicht genau, was seine positive Absicht war – ich könnte mir Vieles ausdenken. Doch, wovon ich überzeugt bin: Er hatte keine negative Absicht. Er hat sich auch nicht gesagt, „hier hintergehe ich den deutschen Fiskus".

Falls Sie ihn unvoreingenommen zum Thema befragen würden, bestätigte er Ihnen bestimmt: Ja, er hat nach bestem Wissen und Gewissen gehandelt; er hat geglaubt, dass es so funktioniert. – Nur hat es das dann nicht.

Beurteilen Sie als Führungskraft das Verhalten Ihrer Mitarbeiter bitte nicht ausschließlich von Ihrer Warte aus. Das hört sich vielleicht zunächst etwas merkwürdig an. Es steckt dahinter ein Erfolgsprinzip.

„Aus wessen Warte denn dann?" Diese Frage beantwortet Ihnen am besten Henry Ford:

*„If there is any one secret of success, it lies in the ability to get the other person's point of view and see things from that person's angle as well as from your own."*[43]

**„Falls es so etwas wie ein Erfolgsgeheimnis gibt, dann liegt es in der Fähigkeit, den Standpunkt einer anderen Person zu erkennen und die Dinge aus deren, als auch aus der eigenen Perspektive zu sehen."**

Menschen zeigen Verhaltensweisen, die ihnen nicht gut tuen. So kratzen sich Einige ständig, Andere kauen Fingernägel oder verletzen sich selbst. Das alles gibt es. Und haben auch diese Handlungsweisen eine positive Absicht?

Natürlich! Auch wenn diese Handlungen den Menschen nicht gut tuen, ist die Absicht eine positive. Jedes Verhalten war irgendwann einmal positiv motiviert, war zumindest damals die beste Option. Das kann aus einer Ablenkung von noch Schlimmeren geschehen sein oder als Übertreibung einer als positiv empfundenen Handlung.

Und auch wenn die Absicht positiv war, heißt das nicht, dass wir bei der Änderung des Verhaltens nicht helfen dürften, sofern das gewünscht wird. Der Grund für dieses besondere Verhalten kann längst obsolet und nicht mehr passend sein.

Schauen Sie, wenn Menschen rauchen, so verbinden Sie damit eine positive Absicht. Dass es der Gesundheit der Raucher nicht bekommt, ist unbestritten. Trotzdem gibt es Menschen, die glauben, Sie bräuchten die Zigarette, um ruhiger zu werden, um sich zu konzentrieren oder um nicht zuzunehmen.

Die Gründe sind individuell, noch vielfältiger und nun einmal da! Sie können sie nicht weg diskutieren oder fort definieren. Falls Sie einem Raucher Vorwürfe oder ein schlechtes Gewissen machen wollen, werden Sie sehr schnell merken, dass weitere Gespräche nicht mehr möglich sind.

Sie erhalten die besseren Ergebnisse, wenn Sie die Tür zu weiteren Gesprächen offen lassen. Das nenne ich „Open Door Policy", „Politik der offenen Tür"[44].

Allein dieser Punkt „Jedes Verhalten hat eine positive Absicht" könnte noch Bände füllen. Doch was ist mit der Moral und der Ethik?

Ich bin der Auffassung, dass wir keine starren Normen, keine Moral und keine Ethik benötigen, um uns ethisch zu verhalten. Ethik und Moral setzen „Richtig" und „Falsch" voraus. Und daran – wie Sie bestimmt schon bemerkt haben – glaube ich nicht.

In meiner Welt gibt es nur ein „Funktioniert" oder „Funktioniert nicht" im Sinne eines gemeinsamen Ziels, eines gemeinsamen Wertes. Ziele und Werte müssen wir zuvor festlegen. Und wenn dann etwas in diesem Sinn nicht funktioniert, dann machen wir etwas anderes.

Ich denke, dass Steuerhinterzieher und viele andere Übeltäter eine andere Vorstellung von Zielen und Werten als Sie, ich und die meisten Menschen haben. Und trotzdem, obwohl ich es nicht weiß, welche positiven Absichten diese Gesetzesbrecher haben, setze ich das voraus. Und zwar tue ich das aus folgendem Grund: Ich erhalte die besseren Ergebnisse, sobald ich das tue.

Stellen Sie sich einmal vor, Sie säßen im Flugzeug und neben Ihnen nimmt der eben erwähnte Herr Vermeintlich Steuerhinterzieher Platz. Vielleicht weil Sie es sich leisten können, Business Class zu fliegen, vielleicht weil Sie ein Upgrade bekommen haben. Jedenfalls hätten Sie über eine Stunde Zeit, sich mit ihm zu unterhalten. Würden Sie ihn sofort mit einem Urteil, Ihrer Meinung über sein Verhalten und seine vermeintlichen Absichten konfrontieren? Wie lange, glauben Sie, würde dann das Gespräch dauern?

Wie lange dauert wohl das Gespräch, wenn Sie vom positiven Fall ausgehen und ihm eine Gelegenheit geben, sich entspannt und ohne Zwang zur Rechtfertigung zu unterhalten? Vielleicht würden Sie sagen: „Ich habe soviel in den Medien gehört, und denen glaube ich schon einmal per se nicht alles. Wie sehen Sie das, wie ist das gewesen?"

Medien machen Meinungen und Medien machen Stimmung. Glauben Sie alles, was Ihnen Medien berichten? Natürlich nicht! Und glauben Sie alles, was ein Mitarbeiter Ihnen über einen anderen zuträgt?

Sie machen sich, wenn möglich, selbst ein Bild, befragen alle Beteiligte und versuche die Situation in ihrer Gesamtheit zu begreifen. Und Sie bleiben offen für alle möglichen Sichten und Einsichten. Nichts anderes meint dieses Prinzip.

**Kommunikation funktioniert besser, wenn Sie von einer positiven Absicht eines Verhaltens ausgehen.** Bewerten Sie nicht zu früh! Lassen Sie Ihren Mitarbeiter die Situation hinterher selbst bewerten. Fragen Sie nach „Was war Ihre Absicht, was wollten Sie erreichen?"

Gehen Sie zunächst davon aus, dass es eine positive Absicht gibt. Dann werden Sie feststellen, jeder Mensch hatte eine positive Absicht, selbst wenn einmal etwas nicht gut oder wie geplant gelaufen ist. Er wollte erfolgreich sein, mit dem was er tat – nur es hat nicht funktioniert. Ja, dann darf er etwas anders machen.

Eine junge Projektleiterin, neu in einer amerikanischen Software-Firma, übernahm gleich zu Beginn ihrer Karriere ein größeres, millionenschweres Software-Entwicklungs-Projekt. Nach einigen Wochen war klar, dass so wie Sie es geplant hatte, so wie Sie es geleitet hatte, nicht funktionieren würde. Das laufende Projekt wurde gecancelt, d.h. erfolglos beendet. Es waren jedoch bereits Kosten in Höhe von ungefähr einer Millionen Dollar angefallen. Sie wurde zu ihrem Chef gerufen, und sie erwartete nicht nur eine Standpauke sondern ihre Kündigung.

Nachdem ihr Chef ihr Kaffee oder sonstige Getränke angeboten hatte, begann er das Gespräch, indem er sie nach ihren Erfahrungen und Einschätzungen befragte. Sie setzte bereits mit einem Schuldeingeständnis an und dass sie es verstünde, dass sie in dieser Firma keine Zukunft mehr hätte. Ihr Chef aber sah sie nur verständnislos an und sagte: „Hören Sie, ich habe gerade eine Million Dollar in Ihre Ausbildung investiert. Ich erwarte, dass Sie Ihren Job machen. Ich erwarte, dass Sie erfolgreich sind und dieser Firma noch lange mit Ihrer Erfahrung zur Verfügung stehen."

Dann erzählte er ihr von seinen Wahrnehmungen und fragte, was Sie denn jetzt ändern würde. Nach einer halben Stunde entließ er sie mit den Worten: „Ihre Ideen und Einschätzungen finde ich gut. Ab morgen haben Sie ein neues Projekt."

Was glauben Sie, wie motiviert und engagiert diese Projektleiterin aus diesem Gespräch ging? Das ist für mich ein entscheidender Faktor.

Natürlich hatte sie vorher eine positive Absicht: Sie wollte mit ihrem ersten großen Projekt erfolgreich sein. Es hat nicht funktioniert. Ihr Chef und das Projekt haben ihr ein Feedback gegeben. *There is no failure, just feedback.* Und dann hat sie ihr Chef mit einer positiven Absicht zurück ins Rennen geschickt.

So funktioniert in meinem Modell von Welt Mitarbeiterführung. Sie führen, entwickeln und halten Mitarbeiter nicht, indem Sie ihnen ihre Fehler vorhalten oder schlechte Absichten unterstellen. So demontieren und demotivieren Sie Menschen.

Sie bauen Mitarbeiter auf, indem Sie voraussetzen, dass das, was sie getan haben, in einer positiven Absicht geschah, und dass sie nach bestem Wissen und Gewissen gehandelt haben.

## Nach bestem Wissen und Gewissen

Und sollte ein Mitarbeiter einmal mit seiner positiven Absicht nicht erfolgreich sein, dann könnte es sein, dass ihm nur die Ressourcen, das nötige Wissen dazu fehlte oder dass sich sein Gewissen noch nicht gemeldet hatte.

Vielleicht fehlten dem Mitarbeiter nur die passenden und wichtigen Informationen, um eine andere Option zu wählen und sich anders zu verhalten. Jetzt können Sie, weil Sie das wissen, diesem Mitarbeiter funktionierendes Wissen und ein besseres Gewissen geben.

**Ihre Verantwortung ist es, diesen Mitarbeitern eine neue, vielleicht Ihre Sicht, auf die Situation und ein positives Gefühl zu geben.**

Dann fangen Sie Feedback-Gespräche nicht mehr mit der Analyse an, was und warum etwas nicht funktioniert hat. Sie fragen zuerst:

**„Was war Ihre Absicht, was wollten Sie erreichen?"** und dann

**„Was haben Sie getan, um das zu erreichen, und wie, mit welchen Mitteln haben Sie es getan?"** Zum Schluss fragen Sie:

**„Was kann ich tun, damit Sie Ihren Job besser erledigen und Ihre Stärken besser einsetzen können?"** So oder in diesem Sinn machen Feedback-Gespräche Sinn.

Ralf, einer meiner Mit-Trainees in meiner Coach-Ausbildung, war Werksleiter bei einem Automobilzulieferer. Er erzählte mir von folgendem Gespräch mit einem Schichtleiter.

Nachdem in seiner Schicht, die gesamte Charge eines Maschinenteils fehlerhaft produziert worden war, stellte er dem Schichtleiter nur diese zwei Frage: „Heinz, was ist passiert und was kann ich tun, damit das nicht noch einmal passiert?" Heinz antwortete sofort etwas genervt: „Hör' 'mal, ich weiß, dass ich Schuld bin. Ich hab' es ja bereits zugegeben. Es lag an mir, ich habe nicht genügend kontrolliert. In Zukunft werde ich besser aufpassen. Und jetzt, bitte lass' es gut sein."

Wie hätten Sie an Ralfs Stelle reagiert? Hätten Sie sich mit dieser Antwort zufrieden gegeben? Ralf tat das nicht. Es dauerte aber noch eine Viertelstunde, bis der Schichtleiter verstanden hatte, was sein Werksleiter von ihm wollte.

Ralf wollte wissen, wie er seiner Verantwortung gerecht werden konnte, wollte hören und wissen, was er tun könne. Es ging nicht darum, wer Schuld ist und warum, es ging nicht um die Vergangenheit. Es ging darum, die Fragen zu beantworten: „Was können wir in Zukunft besser machen?" und „Was kann mein Beitrag sein, dass wird das Einschmelzen der gesamten Charge vermeiden?"

Es ist absolut wichtig, niemanden etwas vorzuwerfen, sich nicht selbst und niemandem anderes. Natürlich hatte niemand die Absicht, eine gesamte Charge wieder in die Schmelze zu schicken. Vielleicht hat sich der Schichtleiter sogar bemüht den Prozess zu beschleunigen.

Natürlich haben alle nach **damals** bestem Wissen und Gewissen gehandelt. Und vielleicht ist in dieser Situation und unter diesem Druck einfach etwas übersehen worden.

Ein Qualitätsmanager wird herausfinden wollen, was geschehen ist und wie der Prozess wieder „wasserdicht" gemacht werden kann. Ich empfehle Ihnen, als Führungskraft abseits der Prozessverantwortung, das nicht zu tun. Sie sollten nicht nach den Gründen eines vermeintlichen „Versagens" forschen. Dafür haben Sie hoffentlich Ihren Qualitätsmanager, als das schlechte Gewissen des Unternehmens.

Fragen Sie nach der Vergangenheit, dann kommen Sie auf Kausalketten, auf Schuld und Verantwortung, und Ihre Fragerei findet kein Ende. Sie spielen „Verantwortungs-Pingpong".

Denn „Schuld sind immer die anderen". Zum Beispiel die Eltern des vermeintlich Schuldigen. Die haben ihn nämlich geboren. Und die sind eigentlich auch nicht Schuld, weil die hatten ja auch wieder Eltern, die Schuld waren. Und irgendwann sind wir bei Adam und Eva und könnten die Erbsünde und den lieben Gott als Erklärung anführen.

**Es bringt die besseren Ergebnisse, nicht über Gründe zu reden.** Zunächst, bis es irgendwann und für irgendwen Sinn macht, z.B. für den Qualitätsmanager.

Im Falle von Ralf und Heinz war es dann der Schichtleiter Heinz, der den Werksleiter bat, ihn das nächste Mal vorab mit etwas Kontrolle zu unterstützen.

Und das ist genial! Sie ändern etwas die Art Ihrer Fragen und schon bittet ein Mitarbeiter Sie, als Führungskraft, um eine Anregung, um etwas mehr Kontrolle und um Ihre Hilfe.

Und das ist doch das, was Sie wollen: Sie wollen, dass Mitarbeiter selbständig auf Sie zukommen und sagen „Ich brauche hier Ihre Hilfe."

Wer von allen Menschen auf diesem Planeten geht mit Ihnen am schlechtesten und respektlosesten um? – Das sind in den meisten Fällen Sie selbst. Bei Ihren Mitarbeitern ist das nicht anders – es sind diese selbst.

Wenn etwas schlecht gelaufen ist, wissen das in der Regel Ihre Mitarbeiter sofort. Sie können davon ausgehen, dass, sobald Mitarbeiter das erkannt haben, Selbstvorwürfe nicht fern sind.

Es ist dann nicht Ihre Aufgabe, diesen negativen Prozess zu befeuern. **Ihre Verantwortung ist es, zu fragen was Sie tun können, damit es in Zukunft besser läuft.**

Sie können nicht wissen, was die positive Absicht der Mitarbeiter ist, solange Sie nicht danach fragen. Seien Sie stets aufgeschlossen und freundlich; gehen Sie immer davon aus, dass jeder nach besten Wissen und Gewissen gehandelt hat. So erhalten Sie im Gespräch, in Ihrer Kommunikation die besseren Ergebnisse.

## Dann mach' etwas anderes

Diese sechs Prinzipien, die ich Ihnen vorstelle, sind so einfach, dass es fast überflüssig ist, sie zu erwähnen und doch – es funktioniert dann besser, wenn Sie sich ihrer bewusst werden.

Alle anderen Regeln sind nur noch Detaillierungen dieser Prinzipien und dieses letzte Prinzip ist das Mächtigste, mit ihm könnten Sie sogar die fünf ersten ändern.

Auch auf die Gefahr hin, dass Sie diesen Satz in diesem Buch fast auf jeder Seite gelesen haben: Wenn etwas nicht funktioniert, machen Sie etwas anderes!

Oder ändern wir es in:

**Seien Sie flexibel und ändern Sie die Regeln, wo es notwendig ist!**

Das Wesentliche in diesem Prinzip ist die Möglichkeit, ja **Forderung, dass SIE etwas anders machen, nicht irgendjemand anderes**. Das ist der Schlüssel zum Erfolg. Und dazu zählt auch, die Verantwortung für Misserfolg nicht im Außen zu suchen, sondern zuerst bei sich selbst.

Das Prinzip, Gründe fürs „Versagen" nicht bei anderen sondern zunächst bei sich zu suchen, ist nach eigenem Bekunden das wichtigste Erfolgsprinzip, das der australische Reiseanbieter Flight Center für sich erkannt hat.

Graham Turner, der Chef von Flight Center hat sein Unternehmen nach Erkenntnissen des Evolutionspsychologen Nigel Nicholson organisiert: „Bevor eine Firma versuche, ihre Mitarbeiter in eine Form zu pressen, sollte sie sich lieber den Bedürfnissen der Menschen anpassen."[45]

Unter anderem haben Teams bei Flight Center nicht mehr als sieben Mitglieder. Untersuchungen haben nämlich gezeigt, dass die Team-Produktivität bei mehr als sieben Personen abnimmt.

Der Erfolg gibt Graham Turner Recht. Doch der entscheidende Erfolgsfaktor, der von allen Teams und Filialen genannt wurde:

**Wenn etwas nicht funktioniert hat, dann wurden die Gründe und damit auch die Veränderung bei sich selbst und nicht im außen gesucht.**

Sobald Sie sehen, dass etwas nicht stimmt, sobald Sie merken, dass Ihre Mitarbeiter nicht erfolgreich sind, mit dem wie sie etwas tun, fragen Sie nicht, was Ihre Mitarbeiter ändern können, sondern fragen Sie, was **Sie** anders machen können.

„Change" ist als Führungskraft Ihre Verantwortung. Wenn Sie etwas nicht mögen, und Sie sich nicht trennen wollen, dann verändern Sie es!

Formulieren und kommunizieren Sie nicht nur Ihre Anforderung an Ihre Mitarbeiter, sondern helfen Sie, dass sie diese erfüllen können.

Vielleicht bedeutet Veränderung, Ihren Mitarbeitern den Zugang zu mehr oder bisher unbekannten Ressourcen zu eröffnen. Vermitteln Sie Verfügungs- und Orientierungswissen, damit sie ihren Job machen können.

Sie wissen jetzt, Menschen haben alle Ressourcen, um erfolgreich zu sein. Nur die meisten Menschen wissen es nicht und brauchen Hilfe zur Orientierung.

**Ihren Mitarbeitern diese Orientierungshilfe zu geben, ist Ihre Aufgabe und Verantwortung als Führungskraft.** Diese sollten Sie nicht delegieren – selbst wenn Sie es könnten.

Am Ende dieser ersten Stunde in der Führschule sollte Ihnen deutlich geworden sein:

Sie erhalten die besseren Ergebnisse, wenn Sie davon ausgehen, dass das eben Gesagte „wahr" ist. Und der letzte Lehrsatz gilt auch für das, was ich Ihnen erzähle: Wenn es nicht funktioniert, machen Sie etwas anderes, bis es funktioniert.

Sie sagen: „Ja, ist doch klar!" – Und doch erlebe ich immer wieder, wie Menschen vor die gleichen Wände laufen, sich blutige Nasen holen und denken „Irgendwann muss diese blöde Wand doch 'mal nachgeben!"

Ist das verständlich oder – bei aller Menschenliebe – vielleicht doch ein bisschen dumm? Lieber sehe ich mich etwas um. Vielleicht entdecke ich eine Tür oder ein Fenster, durch das ich steigen kann.

Viele Menschen sind so sehr damit beschäftigt, den Kopf in die ideale Position zu bringen, damit das ständige „Vor-die-Wand-Laufen" nicht so weh tut.

Hören Sie auf damit! Schauen Sie sich um und denken Sie nach!

Durch bloßen Fleiß hat noch niemand einen Preis gewonnen. In meiner Welt sind unsere Gehirne dazu da, dass wir sie benutzen.

Sobald Sie dann eine Tür entdeckt haben, sollten Sie sich fleißig daran machen, sie wirksam und aufwandsarm zu öffnen. Drücken Sie einfach die Klinke und üben leichten Druck aus. Das nenne ich „intelligent".

**Intelligenz ist das Geheimnis positiver Menschenführung.**

## Werden Sie wach!

Das sind die **zentralen Aussagen**, welche ich Ihnen nahelege:

1. Jeder lebt in seinem eigenen Modell von Welt.

2. Jeder Mensch hat alle Ressourcen, um erfolgreich zu sein.

3. Jeder Mensch ist eine Einheit von Körper, Geist und Seele.

4. Jedes Verhalten hat eine positive Absicht.

5. Jeder Mensch handelt nach bestem Wissen und Gewissen.

6. Falls etwas nicht funktioniert, mach' etwas anders.

Sie kennen vielleicht bereits dieses Experiment mit dem Frosch, welcher in ein Gefäß mit zu heißem Wasser gesetzt wird. Er springt sofort wieder heraus. Falls der gleiche Frosch in kaltes Wasser gesetzt und die Wassertemperatur langsam erhöht wird, sollte der Frosch nicht reagieren, auch wenn die gleiche, zu hohe Temperatur erreicht wird.

Was dann passieren könnte, möchte ich nicht weiter ausführen: Ich halte nicht viel, von solchen Experimenten. Und übrigens, ist die Geschichte bereits widerlegt. Frösche sind doch gar nicht so „unsensibel" – soll ich jetzt sagen: wie Menschen?

Diese Geschichte zeigt kein biologisches, sondern ein menschliches Prinzip. Menschen passen sich ihrer Umgebung an und nehmen kleine

Unterschiede nicht mehr war, obwohl sie in der Summe unzumutbar seien können.

Das ist die Form von „Unaufmerksamkeit" von „Nicht-Wahrnehmung", vor der Sie sich schützen können. Falls es Ihnen gelingt, für bestimmte Signale Ihrer Mitarbeiter und anderer Menschen sensibel zu sein.

***Information ist** für Sie **das**, was für Sie **einen Unterschied macht**.* Machen Sie sich das bewusst und Sie werden merken, wie wichtig der eigene Kontext und das eigene Modell von Welt sind.

Wie wollen Sie Gefahren wahrnehmen, wahrnehmen, dass sich etwas in Ihrer Umgebung verändert, wenn Sie das nicht bemerken? Klingt das logisch oder zu einfach?

Schauen Sie, wenn Sie keine Vorstellungen von komplexen Wahrnehmungen haben, werden Sie viele Phänomene **vielleicht gar nicht** oder **nicht funktionierend** deuten. Sie werden Nuancen und kleine Unterschiede nicht wahrnehmen.

Beispiel soll hier einmal die alte „Gewitter-Weisheit" sein: „Vor Eichen sollst Du weichen; Buchen sollst Du suchen."

Menschen hatten früher keinen Begriff für Elektrizität und somit für die Natur der Blitze. Aufgrund unseres naturwissenschaftlichen Verständnisses von Blitzen wissen wir heute, dass es ratsam ist, alle Bäume zu meiden. Es ist besser, sich auf einem freien Feld mit geschlossenen Beinen in eine Mulde zu hocken. Auf gar keinen Fall sollten wir uns in der Nähe hoher Gegenstände aufhalten.

Sie könnten sogar spüren, ob ein Blitz einschlägt: Blitze bahnen sich zunächst einen Weg vom Boden zu den oberen Luftschichten, um sich dann entlang dieses Weges zu entladen.

Bessere Beobachtungen, bessere Begriffe und ein besserer Kontext bringen bessere Ergebnisse.

Jeder Mensch ist anders. Hinzu kommt noch, dass sich Menschen verändern! Und Sie wollen wahrnehmen, was die Bedürfnisse Ihrer Mitarbeiter sind und wie sie sich verändern.

Dazu dürfen Sie **achtsam sein** und Ihre **Kommunikationswerkzeuge schärfen**.

Ihre Aufgabe ist es nicht die Ziele des Unternehmens operativ, sprich selbst zu erreichen. Dann bräuchten Sie keine Mitarbeiter. Wenn Sie zu Fuß zu Ihren Kunden kämen, bräuchten Sie kein Auto. Doch falls Sie ein Auto benötigen, sind Sie bestimmt achtsam, was die Kontrollleuchten am Armaturenbrett angeht.

Sobald ein Signal leuchtet, fragen Sie sich bestimmt nach der Bedeutung oder wissen sie bereits. Und dann entscheiden Sie, ob Sie jetzt oder später handeln müssen.

Haben Sie alles, was Sie brauchen, um erfolgreich in jeder Situation zu kommunizieren? Wenn Sie Stärken und Schwächen der Menschen nicht erkennen, wie wollen Sie dann die für sie passenden Worte, die passende Aufgabe oder das passende Paket an Wissen finden?

Wissen Sie, wie Menschen Informationen verarbeiten, was die Unterschiede sind? Wissen Sie, wie unterschiedlich sich Menschen motivieren? Wie unterschiedlich Menschen trainiert und geschult werden müssten?

Im weiteren Verlauf dieses Buches lernen Sie, bestimmte Signale Ihrer Mitarbeiter und eines jeden anderen Menschen zu erkennen und – Sie werden Sie nie mehr übersehen.

Sie werden Menschen und somit Ihre Mitarbeiter besser beurteilen können. Sie werden die kommunikativen Bedürfnisse andere Menschen besser beschreiben können und Sie werden erkennen, wie jeder sich in seiner Welt einrichtet, sich unterschiedlich motiviert, Informationen anders als andere verarbeitet. Sie werden auch die Stärken Ihres Gegenübers besser erkennen und diese noch besser erfolgreich ins Unternehmen integrieren können.

# Betonen Sie Stärken

Ein Pinguin ist von Natur aus nicht besonders gut für ein Leben an Land geeignet. Dr. Eckart von Hirschhausen erzählt von so einem Pinguin, den er im Osloer Zoo auf einem Felsen stehen sah: keine Beine, keine Taille, Watschelgang. Er dachte sich: „Fehlkonstruktion" Doch dann sprang der Pinguin ins Wasser – in sein Element – und schwamm. Pinguine sind in der Lage mit einer Energie von ca. einem Liter Benzin 2.500 km weit zu schwimmen und sind zehnmal windschnittiger als ein Porsche. Also doch keine Fehlkonstruktion!

Dr. von Hirschhausen hat aus dieser Begegnung Folgendes gelernt:

1. **Urteile nicht zu schnell** und

2. **Beobachte jemanden in möglichst verschiedenen Situationen, damit Du seine Stärken erkennst**.

Wir alle haben, wie dieser Pinguin, unsere Stärken und auch Schwächen. Von Hirschhausen meint: *„Verbessert man seine Schwächen, wird man maximal mittelmäßig. Stärkt man seine Stärken, wird man einzigartig."*[46]

Jeder hat sein Element, in dem er wie eben der Pinguin im Wasser Höchstleistungen zeigt, ja quasi Wunder vollbringt. Deshalb ...

**Konzentrieren Sie sich nicht auf die Schwächen Ihrer Mitarbeiter!**

**Finden Sie als Führungskraft die Stärken Ihrer Mitarbeiter!**

**Finden Sie das Element, für das dieser Mitarbeiter geboren ist!**

Sie brauchen sich nicht anstrengen; wenn Sie erkannt haben, dass Ihr Mitarbeiter für eine Umgebung, einen Job, eine Tätigkeit nicht geeignet ist. Entlassen Sie ihn in ein anderes, in sein Element, indem er leicht erfolgreich sein kann. Lassen Sie los!

Von Hirschhausen formuliert das so:

> *„Wenn du als Pinguin geboren wurdest,*
> *machen auch sieben Jahre Psychotherapie*
> *aus dir keine Giraffe."*[47]

Ich erlebe immer wieder, dass Führungskräfte ihre Mitarbeiter für eine Leistung loben, welche bei einem Versuch erbracht wurde, eine Schwäche zu überwinden. Können Sie sich vorstellen, was das mit diesen Menschen macht? Sie suchen doch nur Orientierung!

Zunächst scheint dieses Vorgehen nicht bedenklich. Stellen Sie sich nun aber diesen Pinguin vor: Sie loben ihn für seinen Versuch, schnell über Land zu watscheln. Von Ihrem Lob bestätigt, fühlt er, dass er es doch kann und wird mehr und mehr Energie, mehr Zeit darauf verwenden, noch schneller zu watscheln. Vielleicht vergisst er sogar darüber ganz, dass er hervorragend schwimmen konnte. Jetzt aber bekommt er ja für seine „Leistung" an Land Anerkennung. Soweit so gut. Und dann, begegnet ihm eines Tages ein Kaninchen, ….

**Führungskräfte, aber auch Erzieher, erschaffen zurzeit eine homogene Masse der Mittelmäßigen – ohne dass sie sich dessen bewusst wären.**

Sie belohnen die Schwachen für ihre Anstrengungen und relativieren die Starken bei ihren Erfolgen. Letzteres wird meist damit begründet, dass sie sich ja nicht haben anstrengen müssen.

**Hochleistungsteams mit absoluten Ausnahmetalenten** entwickelt man jedoch anders:

**Den erfolgreichen Einsatz von Stärken belohnen,** und

**Erfolge, die nicht auf persönlichen Stärken beruhen, relativieren.**

# Wie anders kann man denn sein?

Jetzt geht es abwärts, in die Tiefe, ins Detail. Ich sehe schon, wie einige sich freuen und fühle das Schaudern der Übrigen. Menschen sind nun einmal unterschiedlich.

Wir haben ja bereits im Kapitel **Jeder in seiner Welt** über die unterschiedlichen Wahrnehmungskanäle und den daraus folgenden Codierungen im Gehirn gesprochen. Eine wirksame Führungskraft kommuniziert auch für detailorientierte Mitarbeiter angemessen.

Wir entdecken unsere eigenen „Erweiterungspunkte" nicht nur wie oben beschrieben, wenn wir unseren Mitarbeitern zuhören. Unsere Möglichkeiten zur Weiterentwicklung können wir aktiv erforschen. Lernen Sie, auf der ganzen Klaviatur zu spielen.

Nehmen Sie sich dazu bitte einen Moment Zeit und denken einmal an eine schöne Situation, eine richtig schöne Situation, die Sie erlebt haben. Bitte eine richtig schöne!

Was haben Sie erlebt? Natürlich, das schöne Gefühl, das Sie hoffentlich noch einmal durchlebt haben. In welcher Körperregion hatten Sie das Gefühl: im Kopf, im Bauch, in der Brust – und hat sich dieses Gefühl bewegt? Haben Sie mehr Bilder oder einen Film gesehen – in Farbe oder Schwarz-Weiß? Haben Sie Geräusche oder Stimmen gehört – aus welcher Richtung kamen Sie, war es Ihre eigene Stimme oder die einer anderen Person? Sagen Sie sich etwas?

Jeder hat auf sein schönes Erlebnis anders reagiert. Es gibt Menschen die sagen: „Ja, Bilder hatte ich, Geräusche hatte ich keine." Wieder andere sagen „Hm, das Gefühl war stark und es hat sich ganz schnell gedreht. Aber ich hab' doch kein Bild gesehen."

Vielleicht verstehen Sie jetzt, dass Wahrnehmungen Qualitäten haben, welche im Gehirn anders codiert werden. Schöne Bilder in die eine Ecke, nicht so schöne in die andere. Schöne Worte von der einen Seite gesprochen, nicht so schöne von der anderen. Ein gutes Gefühl bewegt sich in die eine Richtung, das schlechte in die andere. – Welche ist es bei Ihnen?

Experimentieren Sie ruhig weiter und lernen Sie sich selbst besser kennen. Es lohnt sich! – Wozu? Nun, sobald Sie wissen, wie Sie angenehme Situationen im Gehirn codieren, können Sie alles, was Sie als angenehm empfinden wollen, versuchen genauso zu sehen, zu hören und zu fühlen. Mit etwas Übung geht das und Sie bekommen die volle Kontrolle über Ihre Erlebniswelt. Können Sie jetzt schon abschätzen, wie wertvoll das sein wird?

Sobald Sie wissen, welchen Kanal Sie bevorzugen, sollten Sie sich als Führungskraft darauf konzentrieren, die anderen beiden Kanäle bewusst zu bedienen. So versteht Sie die andere Hälfte der Menschen, mit denen Sie sprechen, noch besser. Ja, Sie können davon ausgehen: Mindestens die Hälfte Ihrer Mitarbeiter bevorzugt andere Wahrnehmungskanäle als Sie.

In unserer Sprache überwiegen visuelle Begriffe und die meisten Menschen, denen Sie begegnen werden, sind wahrscheinlich Augenmenschen. Das bedeutet, falls Sie gut im visuellen Kanal senden, werden Sie höchstwahrscheinlich über die Hälfte der Mitarbeiter erreichen, aber eben doch nicht alle.

Ich erwähnte bereits, dass Probleme in der Partnerschaft häufig dadurch entstehen, dass Partner aneinander vorbei reden. Sie sagt zum Beispiel: „Du **hörst** mir nicht zu! Du darfst mir auch einmal **sagen**, dass Du mich liebst!" Er sagt: „Das ist doch **klar**! Ich weiß nicht, warum Du das nicht **siehst**! Ich **zeige** Dir das doch ständig." – Und jetzt verstehen Sie, dass **sie** es nicht sieht und **er** es nicht hören kann.

Meist ist es in einer Eheberatungssitzung die einzige Aufgabe des Mediators, des Therapeuten oder Coachs vom einen in den anderen Kanal zu übersetzen.

## Motivationsstrategien

Das Erkennen des bevorzugten Wahrnehmungskanals ist nur der erste Schritt, um effektiver mit Mitarbeitern zu kommunizieren. Ein zweiter und genauso wichtiger Schritt ist das Erkennen der jeweiligen Motivationsstrategie.

Motivation bedeutet zunächst einmal nur „Beweggrund". Was bewegt Menschen, was treibt sie an, wie motivieren sie sich?

Menschen motivieren sich – natürlich – unterschiedlich und verwenden dazu auch Bilder, Töne, Gefühle, Geruch und Geschmack. Das sind die Sprachelemente oder Informationseinheiten unseres Gehirns.

Es gibt zusätzliche Strukturen bzw. Qualitäten, welche ich hier mit „Strategien" bezeichne.

## Die Quelle der Motivation

### Von außen oder von Innen motiviert?

Ich mache das einmal an einem Ihnen wahrscheinlich bereits bekanntem Beispiel klar: Manche Menschen benötigen einen Anstoß im Außen. Andere wiederum motivieren sich von innen heraus. Sie sind von einer inneren Leidenschaft getrieben. Sie müssen nicht von außen motiviert werden, sondern können sich selbst motivieren.

In einem Seminar über Motivation würden Sie Begriffe wie „Extrinsische Motivation" für „von außen kommende" und „Intrinsische" für „von innen kommende" Motivation hören. Wir könnten auch salopp formulieren: Es gibt Menschen, die müssen – je nach Umgebung – getreten werden und andere treten sich selbst.

Intrinsische Motivation hat nichts mit Egoismus zu tun. Es bedeutet lediglich, dass jemand sich vorwiegend von selbst motiviert, etwas zu tun.

Eine Führungskraft wird in der Regel „von innen" motiviert sein, begleitet von echtem Interesse an Menschen. Auf diese Mischung kommt es an.

Es gibt fünf weitere, also insgesamt sechs Elemente einer Motivationsstrategie. So eine Motivationsstrategie gilt nur für einen bestimmten Kontext.

Die sechs Elemente einer Motivationsstrategie sind natürlich nur Teil eines „Modells von Welt", eine Vereinfachung der „tatsächlichen Welt" da draußen. Es ließen sich auch andere Kategorien bilden. Ich finde, dass diese sechs Elemente einfach sind – und sie funktionieren. Mehr erwarte ich nicht von einem Modell.

Keep it small und simple – kompakt und einfach soll es sein.

| **Die sechs Elemente einer Motivationsstrategie** | | |
|---|---|---|
| Quelle | Von außen | Von innen |
| Niveau | **Reaktiv** | **Aktiv** |
| Richtung | **Von weg** | **Hin zu** |
| Grund | **Prozedural** | **Optional** |
| Entscheidung | **Gleichbleibend** | **Wechselhaft** |
| Empfehlung | **Zustimmend** | **Widersprechend** |

Innerhalb eines Elementes gibt es kein Schwarz oder Weiß, kein „entweder – oder". Betrachten Sie die Begriffe jeder Zeile als Maximum bzw. Minimum und stellen Sie sich dazwischen einen Schieberegler vor, welcher für eine Person in einem bestimmten situativen Kontext, also Beruf, Familie, Freunde, etc. an einer bestimmen Position eingerastet ist.

Jemand der im beruflichen Umfeld reaktiv ist, kann im häuslich-familiärem Umfeld aktiv sein. Alles, was ich im Weiteren ausführe, ist also oft ein Extrem, um Ihnen eine Vorstellung zu geben.

Ich habe bewusst den einen Teil der Ausprägungen auf die rechte Seite, die Gegenposition auf die linke Seite gesetzt. Erkennen Sie bereits jetzt schon den Grund?

Von einem Chef erwarten wir, dass er nicht reaktiv sondern aktiv ist. Rechts finden Sie also Ausprägungen der Elemente, welche ich einer Führungskraft, ja im Extrem sogar einem Vollblut-Unternehmer zuordne.

Die Ausprägungen der linken Seite finden wir vor allem bei - und fordern das auch von - Sachbearbeitern und Leuten, die einfach nur ihren Job machen. Und darin ist nichts Verwerfliches – wir brauchen Menschen, die einfach nur ihren Job machen.

Das heißt nicht, dass die eine Seite besser und die andere Ausprägung schlechter wäre. Dass Menschen verschieden sind, macht Sinn: Wir brauchen nicht nur Häuptlinge, sondern auch Indianer.

Und falls Sie sich im geschäftlichen Kontext bei einem Element auf der linken Seite wiederfinden, heißt das nicht, dass Sie als Führungskraft nicht geeignet wären. Zum Beispiel wird ein Projektleiter in der IT-Branche, welcher zusätzlich programmiert, auch etwas „von weg", „prozedural" und „reaktiv" motiviert sein.

Was das bedeutet, schauen wir uns gleich einmal an. Jeder Job, jede Führungsposition hat ihre besonderen Anforderungen, und nur mit diesem Anforderungsprofil können Sie beurteilen, ob jemand mit seiner Motivationsstrategie auf eine Position passt.

Es ist mir in diesem Buch nur bedingt möglich, das Vorgehen zu beschreiben, wie Sie Strategien und ihre Elemente herausfinden. Zum gründlichen Studium verweise ich gern auf ein Buch von Shelle Rose Charvet „Wort sei Dank"[48]. Dort beschreibt sie, wie Sie im geschäftlichen Kontext gezielt Fragen stellen, wie Sie praktisch mit Motivations- und Informationsstrategien umgehen.

Zudem erklärt sie, wie Stellenanzeigen formuliert sein müssen, dass nur Bewerber mit einem bestimmten Anforderungsprofil darauf reagieren. Sie gibt sogar eine zweiseitige Checkliste mit konkreten Fragen für Bewerbungsgespräche an die Hand.

Soviel sei gesagt: Das Geheimnis ist, zu fragen und zuzuhören. Mitarbeiter erzählen Ihnen alles, sobald Sie geschickt fragen. Ich werde im Laufe meiner Ausführungen einige Beispiel hierzu nennen.

Betrachten wir nun noch die Elemente der Reihe nach:

## Das Niveau

**Wie ist das Niveau der Motivation: aktiv oder reaktiv?**

Zu der bereits erwähnten „von innen" oder „von außen" kommenden Motivation passt auch die zweite Zeile: Menschen die von außen motiviert werden sind häufig reaktiv. Das ist jedoch nur eine statistische Aussage, es gibt dort draußen in der *realen* Welt alle möglichen Kombinationen und Ausprägungen.

Reaktive Menschen warten ab, bis etwas geschieht, erst dann sehen sie sich genötigt zu handeln. Sie finden sie mehr auf der Wirkungsseite von „Ursache und Wirkung". Aktive Menschen handeln, bevor im Außen etwas geschieht. Sie sind Ideen- und Impulsgeber und mehr auf Seite der Ursache zu finden.

Um zu erkennen, ob jemand reaktiv oder aktiv motiviert ist, könnten Sie Mitarbeiter bitten, doch einfach einmal von ihren besten Arbeitserlebnissen zu erzählen. Fragen Sie, welches die Kriterien waren, die es zu dem besten Erlebnis gemacht haben. Und seien Sie gespannt, wie diese Erlebnisse begonnen haben. Was war der Anlass? Was haben die Mitarbeiter getan?

Meist reichen hier ganz wenige Antworten und ein Erlebnis. Sobald sich die Beschreibungen ähneln, deutet das auf ein Muster, eine Strategie hin.

Bei einer reaktiven Motivationsstrategie kann das so lauten:

„Mein Chef kam zu mir, und hat mich aufgefordert, ...". „Wir hatten da dieses Problem, auf das wir keine Antwort gefunden hatten, ..." „Eigentlich wusste ich immer, dass das nicht mein Traumjob war. Dann wurde mir gekündigt und ich habe mich auf diese Position beworben."

Bei Menschen, welche eine „aktive" Motivationsstrategie haben, klingt das dann etwa so:

„Also, ich hatte da diese Idee, die musste ich unbedingt umsetzen." „Eigentlich ging es uns gut, aber irgendwie musste ich etwas ändern." „Ich habe mir gedacht, dass das doch nicht alles gewesen sein konnte."

Vielleicht haben Sie bemerkt, dass es leichter ist, „reaktiv" zu bemerken als „aktiv". Manchmal ist einfach nur die Abwesenheit der einen Ausprägung, ein Hinweis auf die Anwesenheit der anderen.

Fragen Sie weiter, hören Sie zu und beobachten Sie, wie oben bereits empfohlen, den Mitarbeiter in verschiedenen Situationen.

## Die Richtung

**Welche Richtung hat die Motivation: von weg oder hin zu?**

Mitarbeiter die „hin zu" motiviert werden müssen, brauchen Ziele, eine Perspektive und Herausforderungen, die darin bestehen, etwas Neues zu erschaffen. Sie werden im Gespräch mit diesen Mitarbeitern entdecken, dass im Gegensatz zu den „von weg" motivierten, diese positiv von neuen Dingen reden.

„Von Weg"-motivierte sehen häufig in Veränderungen eine Gefahr oder etwas Bedrohliches. Es könnten Fehler passieren, und die gilt es zu vermeiden. „Von weg" motivierte haben immer einen negativen Zustand im Blick, im Ohr oder im Gefühl, welchen sie nicht wollen.

Damit Sie Menschen mit einer „von weg" Strategie bewegen, müssen Sie das Negative oder ihre Schmerzen betonen. Bei den „hin zu" motivierten müssen die Ziele deutlich und betont sein, damit sie sich bewegen.

Das eine Führungskraft in der Regel „hin zu" motiviert ist, scheint verständlich. Doch es gibt Grauzonen. Der Chef der Entwicklungsabteilung wird bestimmt ein kreativer „hin zu" sein. Dagegen wird der Chef-Buchhalter eines Unternehmens sehr darauf bedacht sein, die „Grundsätze ordnungsmäßiger Buchführung" einzuhalten, also Verstöße dagegen zu vermeiden. Er wird eher ein „von weg" sein. Ärger mit dem Finanzamt oder den Wirtschaftsprüfern versucht er zu vermeiden. In diesem Zusammenhang wird vielleicht deutlich, dass „weniger Stress zu haben" eine echte „von weg" Motivation ist.

Eine Führungskraft kann und darf nicht ausschließlich daran interessiert sein, Fehler zu vermeiden oder bereits erkannte Fehler zu beheben. Ein Unternehmen mit solchen Führungskräften strebt einem statischen Zustand entgegen; in diesen Firmen wird es keine Innovation mehr geben. Eine Abteilung mit einem solchen Chef, tritt nur noch leise, fällt nicht auf und gibt dem Unternehmen keine Impulse.

In einem gesunden Unternehmen sind gerade die Führungskräfte die Impulsgeber, die Innovationen anschieben und Verbesserungen initiieren. Das ist eine klare „hin zu" Motivation.

**TIPP: Gehen Sie als Führungskraft vorsichtig mit negativen Bildern, Gefühlen und Worten um.** Lassen Sie negative Gedanken, Dinge die Sie nicht wollen, nicht länger als notwendig auf Sie einwirken. Benutzen Sie das, was Sie nicht wollen, nur um zu definieren, was Sie wollen.

Analysieren Sie schnell, „Was will ich nicht", dann wenden Sie sich ab, überlegen sich „Wo will ich hin". **Benutzen Sie den Kontrast zum „von weg" als Schub „hin zu" Ihrem Ziel**, auf das Sie sich jetzt voll und ganz konzentrieren.

## Der Grund

**Was motiviert mehr: Prozeduren oder Optionen?**

Kreativität und Innovationsfreude sind für ein Unternehmen extrem wichtig. Doch wollen Sie, dass Ihre Buchhalter kreativ mit seinen Buchungsregeln umgeht, einfach einmal eine neue ausprobiert? Bestimmt nicht! Sie wollen, dass er sich an Vorschriften, an Regeln, an Prozeduren hält und seine Buchungen immer in gleichbleibender Qualität erledigt. Er sollte bestimmt auch „von weg" sein, möglichst Fehler vermeiden, etwas **aktiv** darf er bei der Fehlersuche schon sein und – wir kommen noch dazu – mit Ihnen übereinstimmen und nicht auf Gegenkurs sein.

Wenn Sie ein Chef oder gar Unternehmer sind, werden Sie sich wahrscheinlich komplett „auf der anderen Seite" der Skala wiederfinden. Unternehmer sind „von innen" motiviert, aktiv und zielorientiert, also „hin zu", nehmen Gelegenheiten wahr, etwas zu ändern, also „optional", probieren auch etwas Neues aus und, wenn ihnen einer widerspricht, dann fühlen sie sich herausgefordert und machen „Ihr Ding".

Wenn wir von prozeduraler Motivation sprechen, dann reden wir von Leuten, für die es das Größte ist, für alles eine Vorschrift, einen Prozess und eine Checkliste zu haben. Dabei können Vorschriften z.B. Curricula und auch Gesetze sein. Sie finden häufig prozedural motivierte Menschen unter Lehrern und Juristen.

Und daran ist nichts Schlechtes. Auch wenn ich mir vorstellen kann, dass jemand bei den Gedanken an Checklisten erschaudert, gerade weil er kreativ, also optional ist.

Ich bin eher optional: sobald Sie mir eine Checkliste geben, denke ich zuerst darüber nach, wie ich sie ändern und verbessern kann. Als Buchhalter oder als Beamter bin ich nicht geeignet. Und das sage ich mit Respekt vor Menschen, die konzentriert Checklisten abarbeiten können und wollen.

Ziel eines Qualitätsmanagements ist es, qualitätsgesicherte Prozesse zu haben. So kann vorausgesagt werden, in welcher Güte eine Leistung erbracht oder ein Produkt erzeugt wird. Und ist einmal etwas erfolgreich gewesen, so solle diese gute Leistung wiederholbar festgehalten werden. Dazu brauchen wir Prozeduren.

Was für Produktionsprozesse eine ganz wichtige Forderung ist, passt jedoch nicht auf Entwicklungsprozesse, auf Marketing und Werbung. Hier spielen kreative Menschen die Hauptrolle; und die sind ausnahmslos optional.

Prozeduren haben mit Menschenführung recht wenig zu tun. Natürlich gibt es sie im Personalwesen; dort garantieren sie Verlässlichkeit in Bewertungsgesprächen, in Zielvereinbarungen und in Assessments.

Doch, sobald es um Führung geht, im Sinne von „Menschen dazu bewegen, etwas zu tun, was Sie aus freien Stücken nicht getan hätten", benötigen Sie Flexibilität. Sie können zwar Regeln und Prozesse definieren, in welche Sie dann versuchen, Menschen hineinzuzwingen. Menschen haben jedoch die Tendenz, jedes Schema zu sprengen.

**Als Führungskraft müssen Sie kreativ mit den Menschen umgehen. Das heißt, als Führungskraft müssen Sie optional sein.**

Vielleicht an dieser Stelle noch eine kleine Einschränkung: Sollten Sie als Freiberufler oder als Kleinunternehmer arbeiten und zeitweise Menschen führen, müssen Sie im beruflichen Kontext durchaus prozedural agieren können. Das Finanzamt und der Gesetzgeber zwingen uns dazu, Regeln und Prozeduren einzuhalten, welche wir schrittweise abarbeiten müssen. Die Prozesse sind nicht immer perfekt, befolgen müssen wir diese Vorschriften trotzdem.

## Die Entscheidung

**Soll etwas gleichbleiben oder sich ändern?**

**„Das einzig Beständige ist die Veränderung".**

Kreative sind insofern beständig, dass Sie häufig Dinge anders machen oder anders betrachten und damit auch zu anderen Ergebnissen kommen. Damit sind sie in ihrer Motivationsstrategie „Wechselhaft" und nicht „Gleichbleibend".

Es gibt auch die Möglichkeit, diese Strategie mit zwei Werten auszudrücken: Als Beispiel möchte ich Ihnen von einem guten Bekannten erzählen, der jedes Jahr in Urlaub an die See fährt, und zwar nach Borkum, und dort immer in die gleiche Ferienwohnung. Dort trifft er immer die gleichen Leute.

Einmal hatte ich erwähnt, es gäbe auch schöne Ferienwohnungen auf Sardinien. Doch er winkte ab und sagte, das wäre nichts für ihn. Auf Borkum weiß er, was er hat. Borkum ist eine wunderschöne Insel. Sie ist günstig zu erreichen, er kennt die Leute. Alles ist gut. Aus seinen Worten erkennen Sie eine „gleichbleibende" Motivationsstrategie, im mehrfachen Sinne.

Eine andere Bekannte fährt zwar jedes Jahr an die See, aber doch bitte schön immer woanders hin. Auch hier ist die Ausprägung der Motivation „Gleichbleibend", jedoch wird etwas „gewechselt", immer etwas anderes.

Auch bei den Wechselhaften gibt es durchaus Menschen, die in manchen Belangen gleichbleibend motiviert sind. Die Flexibilität, welche ich Ihnen bereits zu Anfang empfohlen habe, fordert geradezu, nicht immer alles auf die gleiche Art und Weise zu machen.

Und unter den Wechselhaften gibt es einige wenige Menschen, die ständig und Alles neu machen. Und es muss bitte schön wirklich etwas ganz Neues sein. Das einzig Verlässliche an diesen Menschen ist ihre Unstetigkeit.

Falls Sie es schaffen, so jemanden als Kreativen in Ihr Umfeld zu integrieren, ist sie oder er „Gold wert". Der oder die Kreative denkt komplett anders als andere, erfindet alles immer wieder neu. So jemanden in einer Abteilung zu haben, bei der des auf Kreativität ankommt, ist geldwerter Vorteil. So jemanden dürfen Sie natürlich nicht als Sachbearbeiter in Ihrer Buchhaltung sitzen haben.

Ich kennen Menschen, in deren Motivationsstrategie das Element „Wechselhaft-Wechselhaft" dominant ist, die sich versucht haben, selbständig zu machen, „Ist ‚mal ‚was Neues", und die dann als Unternehmer scheiterten.

Als Führungskraft und Chef begrüßen Sie Veränderungen, vermitteln und brauchen jedoch Verlässlichkeit in den äußeren Verhältnissen. **Sie sind also in diesem zweiwertigen Modell eher der Gleichbleibend-Wechselhafte.** Das bringt Ihnen den Erfolg.

## Die Empfehlung

### Mit Empfehlungen eher Zustimmend oder Widerspruch?

Kennen Sie diese Ja-Sager, die glauben, es immer allen Leuten recht machen zu müssen? Können Sie sich vorstellen, dass so jemand es als Chef oder als Unternehmer schafft?

In meinem Modell von Welt müssen diese Menschen als Führungskraft scheitern. Menschen in Führungspositionen müssen „Kante zeigen". Sie haben Kritiker, die alles besser wissen und können, als es Chef bisher gemacht hat. Und es wird auch Neider geben.

Sie sind als Führungskraft in einer herausgehobenen Position, in welcher Sie ständig direkt oder indirekt mit Vorschlägen und Anträgen, etwas zu ändern, überschüttet werden. Die Empfehlung Anderer, doch endlich etwas anders zu machen und über Ihre Vorstellungen nachzudenken, kann schon einmal ermüden. Und Sie kämen keinen Schritt weiter, falls Sie versuchten, es allen Leuten recht zu machen. Sie dürfen und müssen Ihr „Nein" ausdrücken, und „Da stimme ich nicht zu." Das zeichnet eine Führungskraft aus.

Und dann gibt es Menschen, die ständig darauf aus sind, das Gegenteil zu behaupten, etwas anderes zu machen und trotzig „Nein" und „Jetzt erst recht " zu erwidern.

Von einem Sachbearbeiter erwarten Sie, dass er Ihre Anweisungen sofort und vollständig ausführt. Mit Widerspruch und Eigenmächtigkeit hätten Sie ein Problem.

Als Führungskraft, als Chef, als Unternehmer müssen Sie ein großes Stück weit so sein. Wenn Sie ständig im Konsens mit Ihren Mitarbeitern lebten, versuchten, nur ihren Empfehlungen nachzukommen, dann wären es doch nicht Sie, der die Richtung bestimmt. Dann führen Sie doch nicht Ihre Mitarbeiter, dann werden doch wohl eher Sie geführt.

Auf diesem „Kuschelkurs", haben Sie bestimmt ein ganz tolles Betriebsklima. Nur, damit erreichen Sie höchstwahrscheinlich nicht die Ziele, die Ihnen Ihr Unternehmen vorgibt oder die Sie sich selbst gesetzt haben.

**Sobald Sie einen Kurs gesetzt haben, dürfen Sie als Unternehmer und Chef getrost Ihren Kritikern widersprechen.** Dann tue ich oft gerade das Gegenteil von dem, was man mir rät.

## Informationsstrategien

Führungskräfte, Mitarbeiter, Chefs, ja eigentlich jeder Mensch ordnet und verarbeitet Information anders. Zusätzlich zu den Ihnen bereits bekannten Wahrnehmungskanälen und den Motivationsstrategien gibt es Informationsstrategien. Das sind Filter, welche einen Menschen befähigen, bestimmte Informationen besser und anders zu verarbeiten. Diese Filter können erlernt sein, sind vielleicht auch ein Stück weit angeboren. Sie gehören genauso wie die Motivation zu dem Teil des Menschseins, den wir Charakter nennen.

| Sechs Elemente der Informationsverarbeitung | | |
|---|---|---|
| Orientierung | an Aufgaben | an Menschen |
| Größe | Detailliert | Global |
| Aufmerksamkeit bei | sich selbst | anderen |
| Regeln | Konformistisch | Anarchistisch |
| Überzeugt sich durch | Sehen  Hören | Fühlen |
| Überzeugt sich wie häufig | ständig  öfters | einmal |

## Die Orientierung

**An Aufgaben oder an Menschen orientiert?**

Menschen die sich vornehmlich an Aufgaben orientieren, sehen zuerst den Prozess, ihre Aufgabe, die Sache – und dann eventuell beteiligte Menschen. Ihnen ist es wichtiger, Aufgaben gewissenhaft, korrekt und vollständig zu erledigen. Dass dabei ein Kunde, ein Kollege warten könnte, nehmen sie zwar in der Sache wahr – aber bitte: eins nach dem anderen.

Die Arbeit in der Lohnbuchhaltung ohne Kundenkontakt ist für diese Menschen perfekt. Sie sind bestens geeignet, um die Erfüllung gesetzlicher Anforderung aber auch gleichbleibender Serviceleistungen sicherzustellen. Für Bewerbungsgespräche ist dieser Mitarbeiter nur bedingt geeignet, es sei denn, Sie finden es O.K, diese Gespräche zu standardisieren und mit einer Checkliste zu bearbeiten.

In meiner Welt sollten Bewerbungsgespräche an den Menschen ausgerichtet werden. Es gibt jedoch durchaus Unternehmen und Behörden, die das anders sehen und praktizieren. Dort werden Bewerbungsgespräche mit vorformulierten Fragen und einem Bewertungsbogen durchgeführt.

Das durch diesen Einstellungsprozess vor allem Menschen „angezogen" werden, welche prozedural und aufgabenorientiert sind, ist Ihnen vielleicht einsichtig. Dieses Vorgehen stabilisiert die bestehenden Verhältnisse bzw. die Unternehmenskultur: Potentielle, „ungeeignete" Mitarbeiter werden herausgefiltert und die neuen, „geeigneten" sofort in die bestehenden Prozesse und Aufgaben integriert.

Auch hier gibt es kein Richtig oder Falsch. Es gibt in unserer Welt durchaus Bedarf an Menschen, welche an Aufgaben orientiert sind, die ihre Prozeduren abarbeiten und einfach Ihren Job erledigen. In vielen Berufen ist es lebenswichtig, die gerade anstehende Aufgabe absolut ernst zu nehmen.

Nehmen Sie zum Beispiel Fluglotsen oder Piloten: das sind keine Jobs, in dem der Kontakt mit dem End-Kunden wirklich wichtig wäre. Sozialkompetenz ist hier eher die Kür und nicht die Pflicht. Wichtig ist, dass Aufgaben mit absoluter Präzision und gewissenhaft ausgeführt werden. Und nichts darf übersehen werden! Checked!

In der Weiterbildung, im Verkauf und auch in Führungspositionen haben Mitarbeiter überwiegend mit anderen Menschen zu tun. Es ist gut, dort jemanden mit einer Orientierung an Menschen einzusetzen.

In einer Apotheke gibt es beispielsweise im Verkaufsraum, im sogenannten Handverkauf, viel Kundenkontakt. Dort kommt es immer wieder vor, dass Prozesse des für den Kunden nicht sichtbaren Bereichs, dem sogenannten Back-Office, sich mit denen vom Front-Office, des sichtbaren Bereichs, überschneiden. So gibt es gesetzliche Vorschriften, welche eingehalten werden müssen. Zum Beispiel müssen Rezepte taxiert werden, Betäubungsmittelrezepte müssen gesondert ausgewiesen, nachgewiesen und behandelt werden. Das erfordert ganz klar eine Aufgabenorientierung.

Stellen Sie sich vor, das Personal würde sich nur um die Kunden kümmern, nicht um diese Sache. Das Chaos bräche aus und eine Überprüfung der Apotheke durch die Aufsichtsbehörde wäre die Folge.

Genauso kritisch wäre es, wenn die Kunden lange Wartezeiten in Kauf nehmen sollten, nur weil erst einmal das Rezept taxiert werden muss. Dann kommt es schon einmal vor, dass Kunden nicht begrüßt werden, nur weil die Apothekerin zu sehr mit den Rezepten und sonstigen Aufgaben beschäftigt ist.

Dabei sind das Wichtigste auch in einer Apotheke nun einmal die Kunden; die bringen den Umsatz und damit den Verdienst. Das Schlagwort „Kundenorientierung" hat nicht umsonst endlich 2008 Eingang in die Qualitätsmanagement-Handbücher gefunden, nachdem Kunden jahrzehntelang zu wenig Beachtung fanden.

Sie sehen an diesem Beispiel gut, wo im Alltag von kleinen und mittleren Betrieben, die sich keine Differenzierung der anfallenden Tätigkeiten in Form von zusätzlichen Stellen leisten können, die Herausforderungen liegen: Einerseits soll das Personal aufgabenorientiert sein, andererseits menschenorientiert – in Personalunion. Es ist nur verständlich, dass gerade hier immer wieder Probleme entstehen.

Doch gibt es mehrere Lösungsansätze: Machen Sie es den Aufgabenorientierten zur Aufgabe, zuerst den Kunden zu bedienen, wenn das erforderlich ist. Und machen Sie den Menschenorientierten klar, was mit ihren Kollegen und den Kunden passiert, wenn Sie die Aufgaben nicht sofort und zuverlässig erledigen.

Stellen Sie sich vor, Sie betreten den Laden eines hervorragenden Friseurs, der sehr stark an seinen Aufgaben orientiert ist. Er nimmt sie gerade einmal wahr, unterbricht aber seine Tätigkeit nicht. Was denken Sie über so einen Friseur? Wohlgemerkt: er nimmt seine Aufgabe sehr genau; seine Schnitte sind hervorragend.

Ganz klar, der Beruf eines Friseurs wie jeder Beruf mit direktem Kundenkontakt erfordert Menschenorientierung. Doch wenn Sie in eine Kfz-Werkstatt gingen, in der Sie freundlichst begrüßt würden, man unterhält sich mit Ihnen, Sie bekommen einen Kaffee, auch in der Werkstatt selbst herrscht eine großartige Arbeitsatmosphäre – nur diese Werkstatt wäre dafür bekannt, dass die Arbeiten langsam und nicht sorgfältig erledigt werden. Was würden Sie über diese Werkstatt denken? Ist Ihnen lieber, dass Sie nett bedient werden oder möchten Sie mit einem verkehrssicheren Fahrzeug den Betrieb verlassen? Ja, Sie wollen doch beides.

**Sie sollten für Ihre Mitarbeiter immer klar haben, mit welcher Orientierung diese Informationen verarbeiten sollten.** Und Sie sollten für sich klar haben, wie die Stellenbeschreibung der Mitarbeiter aussieht. Passen Mitarbeiter und Stelle zueinander?

Wenn die Stelle eines Buchhalters zu vergeben ist, dann suchen Sie einen aufgabenorientierten Menschen. Jemand, der im Verkauf tätig ist, sollte unbedingt an Menschen orientiert sein. Die Kreativen in der Entwicklungsabteilung sind vielleicht eher eine Mischung von beiden mit einem Hang zu ihren Aufgaben.

Es gibt hier auch durchaus den genialen Einzelgänger, welcher sich nur an seiner Aufgabe orientiert. Ihre Aufgabe wäre es, ihn für andere Kollegen kompatibel zu machen, ihn in die Arbeitswelt zu integrieren.

## Die Größe

### In Details oder globalen Zusammenhängen denkend?

Als Unternehmer, als Chef und als Führungskraft ist es wichtig, dass Sie nicht nur einen Überblick über Ihren eigenen Verantwortungsbereich haben. Sie sollten auch Ihre Wahrnehmung nach außen richten, den berühmten „Blick über den Tellerrand" besitzen.

Ein Buchhalter konzentriert sich besser auf seine Aufgabe und auf die Details. Selbst ein fehlender Cent im Saldo wird gewissenhaft untersucht und dann geklärt, wie diese Buchungsdifferenz zustande kam.

Ich verstehe schon: Als Unternehmer sind Sie eher derjenige, der sagt: „Komm', lass' 'mal Fünfe gerade sein." Warum Aufwand hineinstecken in dieses Detail?

Ihr Buchhalter würde das nicht verstehen, wenn Sie ihm das so sagten. Und selbst wenn er Ihre Haltung verstünde, fühlte oder sähe er das in Wirklichkeit ganz anders.

**Sie dürfen diesen Buchhalter dafür loben, dass er gewissenhaft und detailliert seine Aufgabe erledigt.** Und wenn er diesen Cent gefunden hat und Ihnen stolz von seinem Erfolg erzählt, dürfen Sie interessiert zuhören, und ihn ehrlich und mit Respekt dafür loben.

Hört sich das für Sie übertrieben an? Ich sage Ihnen: Das ist genau das richtige Feedback, das er braucht. Sie wissen doch: Es gibt kein „Richtig" und kein „Falsch". Was funktioniert besser?

Auch wenn Sie beim Betrachten des Überblicks zur Informationsstrategie sich eher auf der rechten Seite wiederfinden, wissen Sie: die linke Seite ist für andere Mitarbeiter im Unternehmen genauso wahr und auch wichtig.

Als Führungskraft dürfen Sie Ihren Mitarbeitern gerecht werden, das heißt nicht, dass Sie das gleiche Modell von Welt annehmen müssen – das wäre fatal.

Dieser Besetzungs-Fehler einer Führungsposition wird meiner, Meinung nach, viel zu häufig gemacht: da werden Fachleute, welche „die Welt" genauso sehen wie Ihre Kollegen, zu Leitern der eigenen Abteilung gemacht. Nur fehlen diesen meist der Überblick und der Blick in angrenzende Bereiche. Sie haben es nie gelernt und hatten ja gerade in dieser Abteilung angeheuert, weil es um Detail-Kenntnisse ging.

Nach endlosen Diskussion mit dem oberen Management und den gescheiterten Versuchen, dieser neuen Führungskraft eine erweiterte Perspektive zu geben, kommt es dann häufig zu einer „Wagenburg-Mentalität": die gesamte Abteilung igelt sich ein, sieht sich von angreifenden Indianern umgeben, gegen die sie sich verteidigen muss.

Jetzt brauchen Sie jemanden, der auch die Indianer versteht, jemanden mit „interkultureller" Kompetenz. Sie brauchen gerade bei detailbezogenen Sachbearbeitern als Führungskraft jemanden, der sie versteht, jedoch selbst global denkt.

**Nur mit der Sicht fürs Ganze, einem Gefühl für den globalen Kontext, können Führungskräfte Ihre Einheit ins Gesamt-Unternehmen integrieren.**

Sollten Sie für sich heute feststellen, dass Sie als Führungskraft noch sehr an Details hängen, dann rutschen Sie doch einmal rüber auf die Global-Seite. Lassen Sie Ungenauigkeiten zu, verlassen Sie Ihre Komfortzone, gewinnen Sie immer öfter einen Überblick auch über Bereiche, die Sie nichts angehen und bleiben Sie ungenau – ach ja, die Reihenfolge, in der Sie das tun, spielt keine Rolle.

Und dann vergessen Sie nicht, wo Sie hergekommen sind. **Jetzt, da Sie das alles wissen, könnten Sie es ändern.** – Das gilt übrigens für jedes der Elemente von Motivation und Informationsverarbeitung.

## Die Richtung der Aufmerksamkeit

**Sich selbst oder andere beobachtend?**

Sobald wir Informationen verarbeiten, richten wir eine Feedback-Schleife ein: wir gleichen Informationen ab. Und zwar können wir bei diesem Abgleich unsere Aufmerksamkeit **auf andere** richten oder **auf**

**uns selbst**. Wir prüfen, was macht diese Information mit den Anderen, was macht sie mit mir.

Mitarbeiter, die ständig in sich hineinhören, bei **sich** sind, sind auch in Ihrer Ausdrucksweise relativ kurz angebunden: sie machen knappe, kurze Sätze, reagieren flach und monoton. Dagegen ist jemand, der mit seiner Aufmerksamkeit im Außen ist, in seiner Ausdrucksweise lebhaft, reagiert äußerst vielfältig und ist ausdrucksstark.

Was glauben Sie wohl, was die bessere Strategie für eine Führungskraft ist? – **Als Führungskraft sind Sie aufmerksam, wie Ihre Äußerungen ankommen, wollen wirksam sein und haben Ihre Aufmerksamkeit bei den anderen.**

Auch hier können Sie nicht sagen, das Eine sei schlechter und das Andere besser. Jemand, der in einem Großraumbüro konzentriert seine Arbeit machen soll, darf sich nicht ablenken lassen, muss mit seiner Aufmerksamkeit ganz bei sich und seine Aufgabe sein.

Eine Führungskraft steht immer mit einem Bein auf der Bühne: Als Chef motivieren und unterhalten, unterrichten und überzeugen Sie Menschen und gleichen ab, ob Ihre Bemühungen erfolgreich sind. Damit ist Ihre Aufmerksamkeit natürlich ganz bei den Anderen.

## Die Regeln

**Passt sich an Regeln an oder macht seine eigenen?**

Für wen gelten diese Regeln? – Sie würden sich wundern, wie viele verschiedene Antworten Sie auf diese Frage erhalten können.

Fragen Sie Ihren Mitarbeiter danach, wie dieser etwas in seinem Arbeitsumfeld verbessern könnte und fragen Sie ihn dann, wie jemand anderes genau die gleiche Sache verbessern könnte. Es gibt tatsächlich Leute, deren Antworten auf diese zwei Fragen voneinander beeindruckend abweichen. Das hat etwas mit der sogenannten „Regelstruktur" zu tun.

Gelten Regeln für mich allein, für alle Menschen, hat jeder seine eigenen oder gibt es gar keine Regeln? Sie erinnern sich: Jeder hat sein eigenes Modell von Welt. Heißt das also: Regeln ja, aber durchaus meine eigenen?

Ich habe eine Bekannte, welche nachdem sie ihr Unverständnis zu einer Sache ausgedrückt hat, ihre Ausführung häufig mit dem Satz abschließt: „Aber, das muss ja jeder selbst wissen." Damit meint sie wohl, dass jeder nach seine eigenen Regeln lebt. Sie ist aber weit davon entfernt, anarchistisch zu sein und zu behaupten, es gäbe keine Regeln.

Sie haben weiter vorn über jemanden gelesen, der der Steuerhinterziehung beschuldigt wurde. Vielleicht können Sie sich vorstellen, dass er eine andere Regelstruktur hat und nicht-konformistisch sagt: „Die Regeln, nach denen ich mich richte, mache ich!" – In gewisser Weise kann ein „Regelbruch" auch ein Ausdruck persönlicher Freiheit und Schaffenskraft sein.

Auch das könnte ein Grund sein, warum viele Menschen, die sich an vorgegebene Regeln halten, einfach nicht verstehen können, dass kriminelles Verhalten eine positive Absicht haben könnte. Denken Sie einmal darüber nach.

In der Anarchie gibt es keine Regeln, keine Leitbilder, an denen sich jeder orientiert. Doch eine Führungskraft muss anständig und verlässlich sein und muss als Vorbild gelten.

Eine leichte Autonomie, eine Selbständigkeit oder ein Unabhängigkeit von Regeln anderer wird umso wichtiger, je mehr Verantwortung Sie für ganze Unternehmensbereiche übernehmen. Als Geschäftsführer müssen Sie auch einmal in der Lage sein, Grenzen zu erweitern. Der Erfolg gibt Ihnen Recht.

> **Aber bleiben Sie ein Vorbild für Andere! Als Führungskraft sind Sie kein Anarchist.**

## Das „Sich-Überzeugen"

**Wie überzeugt: durch Hören, Sehen, Fühlen – und wie häufig?**

Wie erkennen Sie, dass ein Mitarbeiter seine Arbeit gut gemacht hat? Natürlich über Ihren Wahrnehmungskanal. Doch über welchen?

Manchmal überzeugen sich Menschen mit Wahrnehmungen bzw. Reizen aus andere Kanälen, als aus dem, den sie sonst bevorzugen: Es kann durchaus sein, dass jemand visuell ist, jedoch erst hören muss, dass die Arbeit gut war.

Möglich ist auch, dass Sie sich etwas selbst sagen müssen, bevor Sie es glauben. Die Verarbeitung der Information, welche überzeugt, kann durchaus verschieden sein von der, in der wir unsere Wünsche und Träume ausdrücken.

Einigen Führungskräften reicht es, **einmal** zu sehen, dass jemand seine Arbeit gut macht. Und dann gibt es z.B. Sachbearbeiter, welche mit sich selbst auf Dauer unzufrieden sind, weil sie ja nicht wissen, ob ihr Erfolg von gestern auch noch morgen da sein wird. Sie müssen sich **ständig überzeugen**. Dass das auf die Dauer nicht gut tut, ist Ihnen, der Sie Menschen führen, wahrscheinlich einsichtig.

Stellen Sie sich einmal auf die Seite eines Angestellten, der zwar von seinem Chef gelobt wird, weiß, dass er gute Arbeit geleistet hat, jedoch unsicher ist, ob dieser Zustand anhält. Als Führungskraft haben Sie keine Chance, als ihn immer wieder an seine tolle Leistung zu erinnern. Er wird es Ihnen danken. Und das ist die kleine Erwähnung doch wert, oder?

## Die diamantene Regel

Das waren nun alle zwölf Elemente der Motivations- und der Informationsverarbeitungsstrategie, welche für die tägliche Arbeit einer Führungskraft wichtig sind. Jetzt sind wir soweit und können einige Folgerungen betrachten.

Nehmen Sie einmal kurz an, Sie hätten einen Mitarbeiter, in der Abbildung 3 als „A" gekennzeichnet, welcher in seiner Motivationsstrategie „Von weg" und in seiner Informationsverarbeitung „Detail" ist. Sie sind als Führungskraft mit „B" gekennzeichnet, „hin zu" motiviert und „Global" in der Informationsverarbeitung.

**Wie können Sie dann diesen Mitarbeiter so behandeln, wie Sie behandelt werden möchten?**

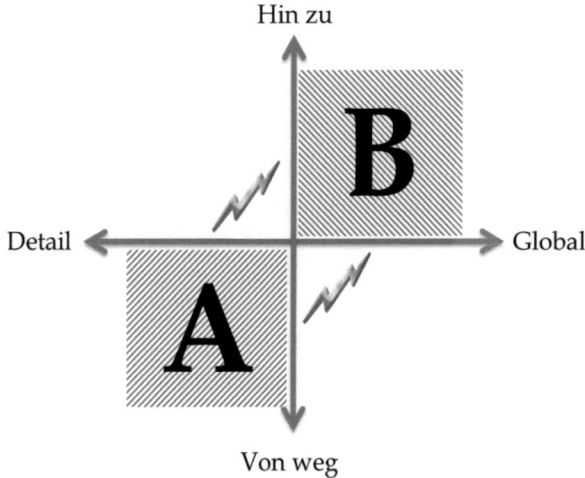

**2 - Warum die Goldene Regel nicht funktioniert**

Person A braucht eine ganz andere Behandlung, als Person B sie gerne hätte.

**Das ist der Grund, warum die Goldene Regel, „Behandele andere, wie Du behandelst werden möchte" nicht funktionieren kann.**

Für „von weg" motivierte ist diese Variante der Goldenen Regel griffiger: „Was Du nicht willst, was man Dir tu', das füg' auch keinem anderen zu". Da jeder Mensch anders ist, anders als jeder andere, kann das falsch sein.

Es kann sein, dass Ihr Mitarbeiter genau das braucht, was Sie nicht wollen. Er hat ein anderen bevorzugten Wahrnehmungskanal, andere Motivationsstrategien, andere Strategien zur Informationsverarbeitung.

Ich habe deshalb eine besser funktionierende Regel, die **„Diamantene Regel"** formuliert:

**„Finde heraus,
wie andere behandelt werden möchten,
und dann behandle sie so."**

# Zwischenspiel

Sie haben nun sehr viel über Wahrnehmungskanäle, über Motivationsstrategien und Informationsverarbeitung gehört. Eine wesentliche Erkenntnis, welche sich wie ein roter Faden durch dieses Buch zieht, ist die, dass Menschen unterschiedlicher nicht sein können und bestimmte Positionen für bestimmte Menschen besser geeignet sind.

Dass der Buchhalter mit seinen Strategien nur selten das Unternehmen erfolgreich leiten wird, ist den meisten sofort einsichtig.

Nun denken Sie einmal an einen Vorstandsassistenten: Welche Strategien benötigt er, um seinem Vorstand erfolgreich zuzuarbeiten?

Er muss von außen motiviert sein, prozedural, eher gleichbleibend und auf Zustimmung seines Vorstands bedacht.

Er muss ferner auf Details achten und aufgabenorientiert sein.

Wenn Sie diese Strategien mit dem Anforderungsprofil eines Vorstands vergleichen, stellen Sie fest, dass diese sich prima ergänzen, jedoch nicht übereinstimmen.

Was halten Sie nun von der Idee, dass der Vorstandsassistent irgendwann einmal zum Vorstand ernannt wird?

# Lernen ist Veränderung

**Sich verändern, heißt lernen und lernen heißt, sich verändern.**

Wie helfen Sie Menschen dabei, sich zu verändern?

Wie das Kennenlernen von Menschen, der Aufbau von Vertrauen, so ist auch das Erlernen neuer Fähigkeiten und Fertigkeiten ein Individueller Prozess.

Da jeder Mensch in seinem eigenen Modell von Welt lebt, aufgrund seiner selektiven Wahrnehmung und seiner gemachten Erfahrungen, hat er andere **Strategien der Informationsverarbeitung und der Motivation**. Und gerade die beiden Strategien sind es, **die jeder von uns beim Lernen braucht.**

Wie helfen Sie Menschen beim Lernen?

Sobald Sie die komplexen Strategien der Motivation und der Informationsverarbeitung kennen, wissen Sie, was diese Person benötigt, um sich zur Veränderung zu motivieren. Sie wissen auch, wie die Information strukturiert sein muss, um optimal aufgenommen zu werden.

Das, was ich Ihnen mit auf Ihren Weg gebe, sind ganz einfache Grundsätze: Fragen Sie und hören Sie zu! Und wenn Sie dann sehen, dass etwas nicht funktioniert, geben Sie Feedback – aber bewerten Sie nicht! Denn Sie wissen, es gibt kein „Richtig" und es gibt kein „Falsch"! Es gibt nur die Fragen: hat es funktioniert, wie funktioniert es und wie wird es in Zukunft funktionieren, damit wir unser verabredetes Ziel erreichen.

Sobald Sie wissen, was das Ergebnis des Lernprozesses, der Veränderung sein soll, können Sie jeder Zeit sagen: „Es funktioniert" oder „Es funktioniert nicht". Und wenn letzteres der Fall ist, dann machen Sie etwas anderes.

**Und das machen Sie so lange, bis das Ergebnis stimmt. Und das bedeutet: 100 Prozent Erfolg – in jedem Fall!**

Geben Sie als Führungskraft ein Feedback – keine Bewertung. Sie werten nicht, damit Sie dem Mitarbeiter erlauben, eine Selbstbewertung zu entwickeln. So werden Mitarbeiter noch mündiger. Und andererseits vermeiden Sie gerade zu Anfang die Demotivation, welche durch eine falsch aufgefasste Kritik entstehen könnte.

Fragen Sie: Was wolltest Du erreichen? Und: Was hast Du erreicht? Darauf folgt in den meisten Fällen automatisch eine Betrachtung darüber, ob das Ergebnis stimmt, oder nicht. Und wenn das Ergebnis nicht stimmt, …. Bitte ergänzen Sie selbständig.

Einer der für mich wichtigsten Sätze lautet: „Es gibt keinen Fehler, nur Rückmeldungen!" Ihn haben wir bereits oben in seiner englischen Variante erwähnt. Gerade als Chef und Führungskraft ist es für Ihren Erfolg bei Mitarbeitern entscheidend, eine positive Haltung zu verinnerlichen und diese jederzeit auszustrahlen.

**Versagt haben Sie dann, wenn Sie selbst von Ihrem Versagen überzeugt sind. Erst wenn Sie aufgeben, haben Sie verloren.**

Folgenende Geschichte von Thomas A. Edison habe ich von Napoleon Hill[49] gehört: Jahre nachdem Edison die elektrische Glühbirne entwickelt hatte, wurde er von Hill interviewt und gefragt, wieso er nach mehreren tausend erfolglosen Versuchen nicht einfach aufgegeben habe. Er hat fast 5.000 Versuche benötigt. Seine Antwort war:

„I finally ran out of things that wouldn't work".

Schließlich gingen ihm die Möglichkeiten aus, die nicht funktionierten. Es musste einfach irgendwann funktionieren.

Und er fügte hinzu, dass, wenn er nicht erfolgreich gewesen wäre, er nicht dieses Interview führen, sondern im Labor stehen und Versuchsreihen durchführen würde. Das ist die Haltung von Gewinnern.

## Nur mit Begeisterung

Folgende Geschichte hat der Neurobiologe Prof. Dr. Gerald Hüther auf einem Vortrag in München erzählt[50]: Ein Mann hat in Deutschland mit 85 Jahren noch eine blutjunge, 60-jährige Chinesin, die Liebe seines Lebens, kennengelernt. Nach einigen Monaten des Liebesglücks entschließt sie sich, in ihr Heimatdorf in die chinesische Provinz zu ziehen, um dort ihren Ruhestand zu verbringen. Dort spricht natürlich niemand eine andere Sprache außer dem dort üblichen Dialekt. Kein Englisch und auch kein Deutsch.

Was glauben Sie, wie schnell dieser 85-jährige noch die chinesische Sprache erlernt, eine der komplexesten und schwierigsten der Welt: es dauert mit der entsprechenden Motivation und Begeisterung keine sechs Monate.

Begeisterung allein ist das, was für den Lernerfolg verantwortlich ist. Sobald das Belohnungssystem im Gehirn aktiviert wird, ist selbst im hohen Alter das Gehirn noch aufnahmefähig.

Vergessen Sie also Sprüche über Hänschen und Hans[51]. Die sogenannte Neuroplastizität des Gehirns, die „Formbarkeit" bleibt bis ins hohe Alter erhalten, falls Sie wissen „Wie". Wie also lernt das Gehirn?

Ein Aspekt haben wir bereits erwähnt: es ist die notwendige Begeisterung. Mit Missmut und Unwillen, mit negativen Botschaften verändert, lernt niemand irgendetwas.

Dazu passt die folgende Geschichte: Tierpfleger in Seaworld trainieren Orcas, Schwertwale oder auch Killerwale genannt, nicht mit Bestrafungen, sondern mit Belohnungen. Das ist absolut verständlich: Ein Orca kann über neun Meter lang und über sechs Tonnen schwer werden. Es ist für einen Schwertwal ein Leichtes, sich gegen Bestrafung und Negativ-Motivation zu wehren. Bestenfalls streiken diese Tiere und machen nicht mehr mit.

Sie können einen Orca nicht zwingen, etwas zu tun, woran er keinen Spaß findet. Sein Wille ist ungebrochen. So ein Tier kann nicht gezähmt werden. Nur mit Belohnung lässt er sich „überreden", Kunststücke toll zu finden.

Und es wird nun dann etwas gelernt, sobald etwas besser ist, als erwartet. Verantwortlich hierfür ist in unserem Gehirn das sogenannte Belohnungssystem und hier spielt der Neurotransmitter Dopamin eine entscheidende Rolle.

*„Gelernt wird immer dann, wenn positive Erfahrungen gemacht werden. Dieser Mechanismus ist wesentlich für das Lernen der verschiedensten Dinge, wobei klar sein muss, dass für den Menschen die positive Erfahrung schlechthin in positiven Sozialkontakten besteht."*[62]

Soweit Prof. Dr. Dr. Manfred Spitzer. Wer es noch genauer wissen möchte, kann in meinen Buchempfehlungen zum Stichwort Neurobiologie z.B. bei den Professoren Gerald Hüther, Manfred Spitzer und Gerhard Roth nachlesen.


Verstehen Sie mich recht: Wenn ich Ihnen von Orcas erzähle, dann nicht, weil ich ein Freund von Dressur und Kunststücken freiheitsliebender Tiere bin. Mir geht es um das einprägsame Bild.

In Seaworld werden Orcas trainiert, indem die Pfleger sie loben und begeistern. Nur mit Begeisterung und Freude machen Orcas bei den stundenlangen Shows in Seaworld mit.

Sehen Sie sich einmal Ihre Mitarbeiter und Ihre Mitmenschen an: Sehen Sie in ihnen nicht auch ein bisschen den Orca? Unsere Kinder und Mitarbeiter danken es uns, wenn wir in ihnen öfters einmal Orcas sehen.

Und der positive soziale Kontakt zu Ihnen ist bereits ein Teil der Belohnung.

## An Beispielen lernen

Bleiben wir kurz noch bei den Schwertwalen und ihren Trainern: Wie trainieren Sie Tiere, ein bestimmtes Verhalten zu zeigen?

Es funktioniert am besten, wenn eine Handlung, ein Verhalten öfters wiederholt und der Erfolg mit etwas überraschend Gutem belohnt wird. Die Wiederholung ist hierbei äußerst wichtig.

Worauf ich Sie aufmerksam machen will: hier werden keine analytischen, formelmäßigen Regeln formuliert und es dann den Tieren eingebläut.

Kinder, aber auch Erwachsene, lernen am besten spielerisch. Es wird ihnen etwas vorgemacht, sie machen es nach. Das kann jedes Kind: **Verhalten nachahmen, imitieren oder so tun als ob. Und all' das macht erfolgreiches Lernen aus!**

Ich hoffe, ich überrasche Sie jetzt nicht zu sehr: Auch Sie lernen spielerisch durch Beispiele, nicht indem Sie starr Regeln auswendig lernen. Auch Sie lernen am einfachsten, wenn Ihnen etwas vorgemacht wird und Sie es dann nachmachen – mit einem positiven Feedback.

Das erklärt auch, warum Sprachen lernen in der Schule so mühselig ist, in einem fremden Land unter Menschen, die sie mögen, jedoch so einfach ist.

Im Alter von 15 Jahren habe ich erst „richtig" Englisch gelernt, als ich mich während einer Sprachreise nach England, mit der Tochter meiner Gastfamilie befreundete. Aus dem dreiwöchigem Aufenthalt im Sommer wurden sechs Wochen. Während dieser Zeit habe ich – mit ganz wenigen Ausnahmen – nur Englisch gesprochen.

Bis zum nächsten Wiedersehen im Frühjahr hatte ich intensiven Brief- und Telefonkontakt zu meiner englischen Freundin. Mein längster Brief umfasste wohl an die vierzig Seiten. Ich habe in dieser Zeit meine Sprachkenntnisse radikal vertieft und erweitert; die Schule hätte mir weder diese Motivation noch diese Intensität bieten können.

Fremdsprachen lernen Sie am einfachsten, indem Sie in die Welt dieser Sprache eintauchen, in dieser Erlebnisse machen und diese mit der neuen Sprache verknüpfen. Mit der Birkenbihl-Methode[53] oder der Rosetta Stone[54] Dynamic-Immersion-Methode begeben Sie sich in eine Sprachwelt, ohne Regel zu lernen. Sie tauchen in die Fremdsprache ein, indem Sie in der jeweiligen Alltagssituation Verknüpfungen bauen. Sie benutzen die Sprache und bekommen gleich ein Feedback, bestenfalls ein Erfolgserlebnis.

Die beiden Methoden sind einfacher und nachhaltiger als das Auswendiglernen von Vokabeln und Grammatik. Warum ist das so?

Wie haben Sie Ihre Muttersprache gelernt? Hat Ihnen jemand die Grammatik vorgebetet? Haben Sie jede mögliche Form eines Verbs gehört, auswendig gelernt, und diese dann in eine entsprechende Schublade – im Gehirn – abgelegt?

Falls Sie glauben, Sie hätten so Deutsch gelernt, dann haben Sie doch bestimmt von dieser Regel gehört:

„Der Partizip Perfekt von Verben, die auf *ieren enden,* wird ohne *ge* gebildet". Sie haben diese Regel auswendig gelernt und immer wieder geübt. Nein, haben Sie nicht?

Nein, und Sie können es trotzdem! Denn Sie wissen, dass es nicht „ich bin **ge**spaziert" heißt, wenn Sie spaz**ieren** in der Vergangenheit meinen, sondern „Ich bin spaziert".

Sie haben keine Regeln gelernt, als Sie Ihre erste Sprache, Ihre Muttersprache erlernten. **Sie haben genügend Beispiele bekommen.** Und Ihr Gehirn hat selbständig ein Muster erkannt und dieses Muster gespeichert. Unser Gehirn ist eine überragende Mustererkennungsmaschine.

Interessant ist, dass Sie Kindern im Alter von vier oder fünf Jahren eine Geschichte erzählen können, in der Kobolde z.B. *„merlieren"*, und wenn diese Kinder die Geschichte nacherzählen, bilden Sie die Vergangenheitsform richtig: Die Kobolde haben „*merliert*" – (nicht „*gemerliert*").[55]

Regellernen und somit auch Grammatiklernen ist dann sinnvoll, falls Sie die Regel dazu benutzen, Beispiele zu produzieren. Ihr Gehirn erkennt anhand ausreichend vieler Beispiele das Muster und speichert dieses ab.

Sie müssen also keine Grammatik auswendig lernen, wenn Sie ohnehin genügend Beispiele haben! Die haben Sie dann, sobald Sie in einer entsprechenden Umgebung sind, in der Sie die Sprache hören, lesen und sprechen.

Geschichten sind hervorragend geeignet, einen positiven Kontext zu bilden: erzählte, gelesene und erlebte Geschichten! Und da unser Gehirn immer so lernt, können Sie Menschen am einfachsten etwas beibringen, indem Sie Geschichten erzählen und genügend Beispiele produzieren.

Sie müssen also kein starres Regelwerk übermitteln oder Botschaften ausdrücklich erwähnen. **Erzählen Sie Geschichten! Machen Sie Beispiele!** Dann müssen Sie keine Botschaften „transparent" machen; die Gehirne Ihrer Mitarbeiter entdecken sie schon von ganz allein.

Ich fasse noch einmal das bisher Gesagte zusammen:
- **Fragen Sie! Hören Sie zu!**
- Lernen Sie **den Menschen** kennen!
- **Es gibt keine Fehler, nur Rückmeldungen!**
- Es gibt kein „richtig" oder „falsch", nur die Frage „**Funktioniert es?**"
- Und wenn etwas nicht funktioniert? **Machen Sie etwas anderes!**
- Führen Sie mit **Beispielen** und **Geschichten!**

# Veränderung ganz leicht

Falls Ihnen Veränderung bzw. Lernen unter bestimmten Umständen noch schwierig erscheint: Ja, Sie haben recht, es ist sehr schwierig, sein Verhalten zu ändern.

Stellen Sie sich vor, Sie haben Ihr Leben lang Sahnetorten gegessen und merken jetzt: „Es ist nicht ganz so gesund". Wie hören Sie mit dem Essen von Sahnetorten auf?

Solange Sie nicht erkannt haben, dass Gesundheit für Sie ein wertvolles Gut ist, Bewegung einen Wert hat, solange Sie nicht einige Fähigkeiten und Fertigkeiten erlangt haben, werden Sie Ihr Verhalten nicht ändern.

Solange Sahnetorten verfügbar sind, werden Sie Ihr Verhalten beibehalten, es sei denn, auf einer anderen Ebene findet eine Veränderung statt.

## Die sechs logischen Ebenen

Wir könnten der Sache auch auf den Grund gehen und nach dem „Warum" fragen: Warum fanden Sie Sahnetorten bisher so lecker? Die besten Sahnetorten gab es vielleicht bei Ihrer Oma. Vielleicht finden Sie dann heraus, dass Sie mit Sahnetorten „Wohlgefühl", „Zuhause", „Sicherheit" oder etwas Ähnliches verbinden.

Was haben Sie denn gewonnen, wenn Sie den Grund kennen?

**Einsichten in Gründe verändern Menschen äußerst selten.**

Die meisten Menschen, wissen, dass Sie nicht rauchen, nicht so viel Essen, keinen Alkohol trinken, mehr Sport machen sollten.

Sie können die Vergangenheit auch nicht ändern. Verändern können Sie nur im hier und jetzt, und zwar Ihre Einstellung und Gefühle zu dem, was Sie erlebt haben.

**Veränderung ist möglich, sobald Sie sich dazu entscheiden und erfolgt dann ganz leicht.**

Schauen Sie sich bitte nachfolgende Aufstellung an. Es zeigt eine Hierarchie von sieben Begriffen, die im Wesentlichen von Robert Dilts[56] stammt und auf den Anthropologen Gregory Bateson[57] zurückgeht.

Wenn wir über Mitarbeiterführung reden, sind die unteren Begriffe der Hierarchie die wichtigen **sechs logischen Ebenen**. Zum besseren Verständnis habe ich mir kleinere Ergänzungen bzw. Abwandlungen erlaubt. Unter anderem habe ich die Fragen hinzugefügt, die diese Begriffe beantworten.

| | |
|---|---|
| *Spiritualität* | *Was ist der Sinn?* |
| *Persönlichkeit* | *Wer bin ich?* |
| *Überzeugungen* | *Was denke/glaube ich?* |
| *Werte und Ziele* | *Wozu mache ich das?* |
| *Fähigkeiten und Fertigkeiten* | *Wie kann ich das?* |
| *Verhalten* | *Was mache ich?* |
| *Umgebung* | *Wo und wann passiert es?* |

Bateson beschäftigte sich mit Lernen als eine Veränderung der „Organisation von Information". Lernen bzw. Veränderung findet am besten auf einer Ebene statt, welche über der zu verändernden Ebene liegt. Das ist einerseits einfacher und andererseits stabilisiert es das gesamte System.

Machen wir das an unserem Beispiel klar: Sie könnten natürlich Sahnetorten aus Ihrem Leben verbannen (Ebene 1), dann kommen Sie nicht in Versuchung. Wenn Sie Ihr Verhalten (Ebene 2) ändern wollten, obwohl Sahnetorten verfügbar sind, sollten Sie sich neue Fähigkeiten (Ebene 3) aneignen. Eine Fähigkeit wäre zum Beispiel, Sahnetorten abstoßend zu finden, wann immer Sie wollen.

Damit Sie das „Was" ändern, sollten Sie wissen „Wie" Sie's machen! Sobald Sie neue Fähigkeiten und Fertigkeiten erlangt haben, ändert sich Ihr Verhalten automatisch und nachhaltig. – Vorausgesetzt auf den Ebenen darüber ist alles in Ordnung.

Oder noch ein anderes Beispiel, damit es klarer, verständlicher und stimmig wird: Es gibt Menschen, die zu wenig Sport treiben und das ändern möchten. Jetzt könnten Sie hingehen und sich schon einmal Sportschuhe und ein tolles Trikot kaufen (**Umgebung**) und, wenn Sie ganz gut motiviert sind, schon einmal morgens ein bisschen laufen gehen (**Verhalten**). Nur, wenn Sie das nicht richtig machen oder sich überfordern (**Fähigkeiten und Fertigkeiten**), werden Sie es irgendwann wieder aufgeben. Das Verhalten wurde dann nicht nachhaltig geändert.

Woran liegt das? Wenn sportlich und fit zu sein, das tolle Gefühl nach dem Sport, ausgepowert zu sein, keinem Wert entsprechen (**Wert und Ziel**), wird diesen Menschen auch ein toller Laufstil (**Fähigkeit und Fertigkeit**) nichts nützen. Irgendwann, früher oder später war's das dann mit dem Laufen.

Das war jetzt ein Negativ-Beispiel. Sie kennen bereits einige positive Beispiele. Einige Sprichworte und Sinnbilder, welche genau diese

Hierarchie abbilden, werden Ihnen sofort einfallen, z.B. dieses chinesische Sprichwort:

**„Gib einem Hungernden einen Fisch, und er wird einmal satt, lehre ihn Fischen, und er wird nie wieder hungern."**

Übersetzt und verallgemeinert: Etwas in der Umgebung eines Menschen zu ändern, ist Gold wert, etwas in seinen Fähigkeiten und Fertigkeiten zu ändern, ist unbezahlbar.

Schauen wir noch einmal auf die Hierarchie. Die unteren drei Ebenen habe ich anders gesetzt, denn auf denen wird üblicherweise trainiert, verändert und gelehrt.

Wenn Sie Mitarbeiter auf Seminare schicken, lernen sie meist neue Fähigkeiten und Fertigkeiten - und ein neues Verhalten wird eingeübt. Wenn jemand sich anders kleidet, wäre das z.B. eine Veränderung in der Umwelt.

So zu schulen und zu trainieren scheint zunächst einmal in Ordnung zu sein. – Vielleicht blättern Sie doch noch einmal zum Kapitel *Von Narren und ihren Werkzeuge* zurück und machen sich deutlich, dass großer Aufwand getrieben wird, pro Jahr 25 Mrd. Euro für die berufliche Weiterbildung, um Mitarbeitern ein neues Verhalten, neue Fähigkeiten und Fertigkeiten beizubringen. Und das Ergebnis stimmt unterm Strich dann doch nicht. Der Wirkungsgrad dieser Trainings und Seminare ist kleiner als 50 %! Was funktioniert hier nicht?

In meinen Seminaren und Vorträgen adressiere ich andere logische Ebenen: Werte, Ziele und Überzeugungen, teilweise auch Persönlichkeit.[58] Menschen neue Fertigkeiten und Fähigkeiten zu geben, indem Sie sie dazu bringen, Ihre Ziele, Werte und Überzeugungen neu auszurichten, ist effektiver und nachhaltiger; der Wirkungsgrad liegt bei über 80 %.

Erinnern Sie sich bitte an die These zu Anfang des Buches: Angesichts der neuen Herausforderungen im Zeitalter der Vernetzung muss eine Führungskraft sich mehr und mehr als Coach und Impulsgeber begreifen und auch so handeln. Orientierungshilfe und Begleitung statt Befehle und Instruktionen!

Coaching hinterfragt bisherige Lernstrategien: „Was hat mich bisher daran gehindert, mein Verhalten zu ändern oder bestimmte Fähigkeiten und Fertigkeiten zu erlernen?" Jetzt wird Ihnen bestimmt deutlich: Coaching findet nicht auf den unteren Ebenen statt, sondern beginnt bei der Ebene der Werte und Ziele. Vermutete „Blockaden" werden meist genau dort gefunden.

## Wenn Sie wissen „wie"

Meistens sind es die Werte und Ziele eines Mitarbeiters, welche ihn daran hindern, neue Fähigkeiten zu erwerben oder sein Verhalten zu ändern.

Nehmen Sie als Beispiel eine Führungskraft des mittleren Managements, welche sich seit Monaten darum bemüht, ein „guter Chef" zu sein. Sie ist bei den Mitarbeitern beliebt. Doch sie schafft es einfach nicht, unangenehme Einschnitte zu kommunizieren, „es den Mitarbeitern zu verkaufen". Diese Führungskraft war zuvor auf mehreren Führungskräfte-Seminaren und Gesprächstrainings. Sie hat dort auch gehört, wie solche Gespräche zu führen sind.

In einem Coaching wurde deutlich, dass sie zwar das Ziel hatte, „Chef zu sein", jedoch passten ihre Werte nicht zu dem erklärten Ziel. Bei einer Analyse der Wertehierarchie standen „Liebe", „Freiheit", „Anerkennung" ganz oben, „Wirksamkeit" und „Einfluss" standen ganz weit hinten.

Es gibt auf der Ebene „Werte und Ziele" eine interne Hierarchie: Ziele stehen etwas näher an Fähigkeiten und Fertigkeiten, Werte gehören schon fast zu den „Überzeugungen". Wenn zum Beispiel „Freizeit" ein hohes Gut für Sie ist, werden berufliche Ziele wahrscheinlich weniger gut unterstützt: sie könnten ja auf Kosten der Freizeit gehen.

Falls Ihre Werte nicht Ihre Ziele unterstützen, werden Sie wahrscheinlich lieber etwas anderes tun, als das, was Sie Ihrem Ziel näher bringt.

**Ihre Werte sollten Ihre Ziele unterstützen.**

Wenn Sie reich werden wollen, sollte bei Ihnen der Wert „Finanzieller Wohlstand" ganz weit vorne rangieren. Ansonsten werden Sie Ihre materiellen Ziele nicht erreichen.

Wenn ein Mitarbeiter keinen Wert darin sieht, auf andere Menschen Einfluss zu nehmen, wird er nicht als Führungskraft erfolgreich sein können.

**Überzeugungen** sind Sätze wie dieser hier: „Jeder Chef ist ein Ausbeuter". Sie drücken eine Haltung zum „Ich" und zur „Welt" aus. Sie beantworten meist in einem Satz die Frage: Wovon bin ich überzeugt, was glaube ich von mir und von „Welt"?

Der oben genannte Satz ist eine negative, weil beschränkende Überzeugung. Es gibt auch positive und förderliche Überzeugungen.

Ob ein Mensch sein Verhalten ändern kann, ob er z.B. für eine neue Rolle im Unternehmen geeignet ist, wird Ihnen deutlich, sobald Sie ihn nach seinen Überzeugungen befragen oder diese im Gespräch erkennen:

Ein Mitarbeiter, welcher Anarchie für die beste Regierungsform hält, der glaubt, dass Menschen weder geführt werden sollten noch müssten, wird mit diesen Überzeugungen keine Führungsrolle übernehmen können, selbst wenn das sein erklärtes Ziel ist und Sie ihn auf viele Seminare geschickt hätten.

Ein Mitarbeiter, der sich nichts Schöneres vorstellen kann, als Menschen zu begeistern und Einfluss zu nehmen, der davon überzeugt ist, dass Menschen Führung brauchen, wird sich zum Chef eignen. Wahrscheinlich benötigt er kein oder nur wenig Training. Wir würden sagen: „Er hat es im Blut".

Doch warten Sie: ich glaube nicht daran, dass ein Mensch eine geborene Führungskraft ist und der andere nicht! **Jeder kann sich verändern – wenn er es will!**

Jeder **Wert** und jede **Überzeugung** kann Menschen daran hindern oder sie befähigen, sich auf eine der unteren logischen Ebenen zu verändern.

- ∞ **Zwingen Sie sich und Ihre Mitarbeiter nicht zu neuem Verhalten!**
- ∞ **Befähigen Sie sich und Ihre Mitarbeiter!**
- ∞ **Setzen Sie sich neue Ziele und Sie werden sich die notwendigen Kenntnisse aneignen!**
- ∞ **Denken Sie förderliche Gedanken, werfen Sie begrenzende Überzeugungen über Bord!**
- ∞ **Werden Sie die Persönlichkeit, die Sie schon immer sein wollten!**

Und so lange Sie es noch nicht sind, tun Sie so, als ob Sie es schon wären! Ihr Gehirn erkennt den Unterschied nicht! Sie werden dann langsam aber sicher Überzeugungen, Werte, Ziele, Fähigkeiten und Verhalten dieser Persönlichkeit entwickeln.

Als moderne Führungskraft und Coach können Sie im Veränderungsprozess mit Ihren Mitarbeitern durchaus bis zur Ebene der Persönlichkeit bzw. Identität gelangen.

Wenn es zum Beispiel ein Vertriebsleiter schafft, in jedem einzelnen seiner Mitarbeiter diesen Verkäufergeist zu wecken, wenn jeder der Außendienstmitarbeiter glaubt, dass er ein Spitzenverkäufer ist, dass er die Persönlichkeit eines Top-Verkäufers hat, dann werden sich seine Mitarbeiter auch so verhalten – und sein Bereich wird unschlagbar erfolgreich werden.

Ein solches Selbstbild ändert alles! Alle darunterliegenden logischen Ebenen werden sich nach diesem ausrichten: Die Mitarbeiter werden Überzeugungen, Werte, Ziele, Fähigkeiten und Verhalten von Top-Verkäufern entwickeln.

Stellen Sie sich vor, Sie wollten ein Buch schreiben. Sie könnten sich einen Computer mit Textverarbeitungsprogramm kaufen. Dann haben Sie noch kein Buch geschrieben. – Gut, jetzt fangen Sie an zu schreiben: Beherrschen Sie denn Ihr Handwerkszeug? Haben Sie Kurse besucht? Haben Sie Bücher übers Schreiben gelesen? Schreiben Sie jeden Tag? Und, worüber wollen Sie schreiben? Wozu schreiben Sie? Wie lange halten Sie durch, ohne die Werte und die Ziele eines Schriftstellers – und ohne Überzeugung, dass Sie als Schriftsteller erfolgreich sein werden?

Sich vorzustellen, Sie wären bereits Schriftsteller, ist sehr viel einfacher, als jedes Detail auf allen unteren logischen Ebenen zu korrigieren.

Vielleicht kommt es Ihnen nicht richtig vor, es sich anfangs nur lebhaft vorzustellen. Sobald Sie jedoch mit Ihren Vorstellungen, mit Bildern, Geräuschen und Gefühlen Ihr Gehirn davon überzeugt haben, dass Sie Schriftsteller sind, wird Ihr Gehirn alles Notwendige tun, um Ihrer neuen Persönlichkeit gerecht zu werden – ganz automatisch und größtenteils unbewusst.

Und wie überzeugen Sie Ihr Gehirn davon, dass Sie schon Schriftsteller sind? Mit lebensnahen, alle Wahrnehmungskanäle bedienenden, vorgestellten Details auf allen logischen Ebenen!

Doch gerade das lebhafte, detailreiche Imaginieren, das Sich-Vorstellen von Ergebnissen bis ins Kleinste fällt vielen Führungskräften schwer: Sie sind in der Informationsverarbeitung „global".

Ich habe einen **TIPP** für Sie: **Beschreiben Sie diese lebhaften Details Ihrer neuen Persönlichkeit, indem Sie darüber schreiben oder besser noch – malen Sie sie!** Dazu brauchen Sie kein Künstler sein; eine Skizze ist vollkommen ausreichend! Hauptsache Sie ergänzen immer mehr Details und stellen sich alles lebensnah vor: wie sieht es aus, wie klingt es, wie fühlt es sich an, Schriftsteller zu sein?

Und für alle, die gar kein Buch schreiben wollen: nehmen Sie das Gesagte, so wie ich es verstanden wissen wollte, als Metapher, als Sinnbild für wer auch immer Sie sein wollen.

Mitarbeiter, welche „von außen", reaktiv und detailorientiert sind, haben ihren Führungskräften eins voraus: ihre Gehirne sind so detailverliebt, dass ihnen das lebhafte Vorstellen von Umgebungen, Verhalten und vielleicht auch von Fähigkeiten äußerst leicht fällt. Nur – ihnen fehlt die Vision, die Identität und der Blick aufs große Ganze.

Ihren Mitarbeitern diese globale Sicht zu liefern, das ist als Führungskraft Ihre Aufgabe.

Sobald Sie als Führungskraft die tatsächliche oder gewünschte Identität Ihrer Mitarbeiter stützen, sobald Sie ihnen immer wieder eine Vision vor Augen führen, ihnen ein Gefühl fürs große Ganze geben, in ihnen eine Symphonie erklingen lassen, sobald Sie das alles tun, werden Ihre Mitarbeiter und deren Gehirne alles tun, um diese vorgegebene Form mit Details zu füllen.

Und es ist gleich, ob Sie diese Persönlichkeit bereits sehen oder ob sich Ihre Mitarbeiter noch auf dem Weg dorthin befinden.

## Wie schnell geht Veränderung?

Dass Veränderung bzw. Lernen schnell gehen kann, haben Sie am Beispiel des 85-jährigen Wahl-Chinesen gesehen. Nun ist es die eine Sache, in 6 Monaten eine Fremdsprache zu lernen. Aber sich von heute auf morgen radikal zu verändern, seine Ziele und Werte, seine Überzeugungen, seine Persönlichkeit, ja sein Schicksal zu verändern? Das glauben die wenigsten, dass das möglich ist.

**Veränderungen gehen schnell – sehr schnell, manchmal gar so schnell, dass uns die Auswirkungen überraschen und entsetzen.**

Meist sind es negative Veränderungen, welche uns sofort in den Sinn kommen: Da gibt es Menschen, denen es unmöglich ist, sich nach einem Unfall wieder ins Auto zu setzen. Da gibt es Ängste, welche zum Beispiel durch ein traumatisches Erlebnis von jetzt auf gleich entstehen. Doch positive Veränderung und Geschwindigkeit – das passt irgendwie nicht zusammen.

Wenn ich nach positiven Fällen suche, fällt mir sofort das spontane Sich-Verlieben ein: wir lernen diesen einen Menschen kennen und aus heiterem Himmel sind wir verändert, sieht „die Welt" wie verzaubert aus. Oder denken Sie an die religiösen „Erweckungserlebnisse", welche sehr spontan die ganze Persönlichkeit verändern.

Und genau hier liegt auch der Schlüssel zur schnellen Veränderung. **Sobald sich etwas auf der einen logischen Ebene ändert, findet Veränderung auf der darunterliegenden Ebene leicht und schnell statt.**

Der Apostel Paulus hatte sein Damaskus-Erlebnis, eine persönliche Begegnung mit Gott (Ebene Spiritualität), die ihn dazu brachte, seine Identität (Ebene Persönlichkeit) als Christenverfolger abzulegen und von da an Anführer der Christenheit zu sein.

Ich höre schon den einen oder die andere einwenden, dass da ja immer auch eine Vorgeschichte dazu gehört. Ja, das erklären wir uns gerne so, doch „Liebe auf den ersten Blick" und ähnliche Phänomene existieren. Erklärungen ändern nichts.

Und gerade bei den **Überzeugungen** glauben wir, dass diese sich langsam herausbilden. Wirklich? Ein erster Eindruck reicht, um sich eine Meinung zu bilden; ein traumatisches Erlebnis kann ein ganzes Leben beherrschen.

Gut, wie schaffen Sie es, auf einer Werte- und Überzeugungsebene Veränderungen herbeizuführen? Indem Sie zuerst herausfinden, wie sich jemand überzeugt und wie oft sich derjenige überzeugen muss; dann „füttern" Sie das Gehirn mit entsprechenden Reizen.

Ich hatte bereits mehrere Mitarbeiter, welche von sich glaubten, sie könnten so viele Dinge nicht: nicht schreiben, nicht reden, nicht verkaufen, nicht führen, …. Das sind typische limitierende Überzeugungen (logische Ebene 5).

Was also habe ich getan? Ich habe in den Mitarbeitern immer die Person (Logische Ebene 6) gesehen, welche Sie glaubten, nicht zu sein: Den Autor, den Redner, den Verkäufer, die Führungskraft, …. Meine Strategie war es dann, ihnen Bilder, Aussagen, Gefühle anzubieten, welche diese Identität bestärkten.

Ich habe sie für jede Kleinigkeit ehrlich gelobt, für jeden noch so kleinen Erfolg, welcher sie in ihrer Identität bestärkt hat. Ich habe diese Bilder, Worte und Gefühle in mir und dann in ihnen größer werden lassen. Nach einigen Wiederholungen waren sie meist selbst davon überzeugt, dass sie es konnten – und das war wahr!

## Die wichtigste Frage der Menschheit

Albert Einstein wurde einmal von einem Reporter gefragt, was seiner Meinung nach heute die wichtigste Frage sei, der die Menschheit gegenübersteht. Nachdem er kurz in sich gegangen war und nachgedacht hatte, antwortete er:

**„*Ist das Universum ein freundlicher Ort*, dies ist die wichtigste und grundlegendste Frage, auf die jeder Mensch für sich eine Antwort finden muss."** [59]

Die Begründung, die Einstein dann liefert, hat mit Vertrauen zu tun: Vertraue ich darauf, dass das Universum mir wohlgesonnen ist und mich nicht hinters Licht führt, vertraue ich darauf, dass meine Fragen ans Universum korrekt beantwortet werden? Oder gehe ich davon aus, dass das Universum ein feindlicher Ort ist, dass alles, was mir das Universum zeigt, ein großer Betrug ist? Und die Frage die hinter der eigentlichen Antwort steht lautet: Mit welcher Haltung erhalte ich denn die besseren Ergebnisse?

Für Einstein war klar: **Die besseren Ergebnisse erhalte ich mit der Annahme, dass alles einen Sinn macht und mir das Universum, „Alles was ist", Gott wohlgesonnen ist, es gut mit mir meint.**

Wenn ich der Überzeugung bin, dass diese Welt mich betrügt, dann können selbst die Strategien und die Strukturen, welche ich bei meinen Mitarbeitern zu erkennen glaube, gelogen sein. Damit mein Bemühen, Muster zu erkennen Sinn macht, darf ich vertrauen, dass die erhaltenen Antworten gültig sind.

Dieses Vertrauen in „Alles was ist" ist Grundvoraussetzung für jede positive Veränderung. Die Überzeugung, dass das Universum es gut mit mir meint, dieses Grundvertrauen ist einer der drei Säulen von positiver Menschenführung: Vertraue Dir selbst, vertraue darauf, dass Dein soziales Umfeld es gut mit Dir meint, vertraue darauf, dass alles einen Sinn macht!

Ich stimme Ihnen absolut zu, wenn Sie jetzt sagen, diese logische Ebene sei nicht Ihre Domäne, dass es nicht Ihre Aufgabe sei, den Mitarbeitern Gottvertrauen zu geben.

Es kann durchaus die Aufgabe eines Coachs oder eines Therapeuten sein, ein gestörtes Selbstvertrauen, ein gestörtes Vertrauen in sein soziales Umfeld und auch ein gestörtes Vertrauen in die Ordnung der Dinge zu entstören. Das kann nicht Aufgabe einer Führungskraft sein.

Sobald Sie als Führungskraft Menschen coachen, werden Sie zumindest bis zur Ebene der **Überzeugungen** kommen, möglicherweise können Sie sogar auf die Identifikation Ihrer Mitarbeiter Einfluss nehmen.

Falls Sie dann immer noch nicht helfen können, dann kann möglicherweise nur noch ein Seelsorger oder Therapeut helfen. Oder der Mitarbeiter stellt sich irgendwann selbst die Gretchenfrage „Wie hältst Du's mit der Religion?"

Bitte verstehen Sie mich recht: Es geht nicht darum, die Menschheit zu missionieren. Nur, was können Sie von Mitarbeitern erwarten, denen Vertrauen ins Universum fehlt, die negativ über die Grundlagen ihrer Existenz denken?

Als Mensch ist es für Sie zumindest wichtig, die Grundlagen Ihrer eigenen Identität und Ihrer Überzeugungen zu kennen. Und für Sie als Führungskraft ist es wichtig, die Einstellungen und das Selbstwertgefühl Ihrer Mitarbeiter bewerten zu können.

In meinem Modell von Welt geht das nur, wenn Einsteins Frage „Ist das Universum ein freundlicher Ort?" bejaht wird.

Und wenn sich jemand partout das Universum und sein Leben madig machen und sich nicht verändern möchte, dann denken Sie daran:

„Auch sieben Jahre Psychotherapie machen aus einem Pinguin keine Giraffe."

Es ist Ihre Aufgabe, die Stärken Ihrer Mitarbeiter zu erkennen und diese in seine Rolle im Unternehmen zu integrieren. Und es geht nicht um mehr, aber auch nicht um weniger.

# So bleiben Sie im Gespräch

Und fragen Sie mindestens genauso viel, wie Sie sonst reden! Fragen ist wichtig! Wenn Sie keine Fragen mehr stellen, werden Sie keine Antworten erhalten. Wenn Sie keine Antworten erhalten, werden Sie keine Fortschritte machen. Wenn Sie keine Fortschritte machen, werden Sie Rückschritte machen.

Unser tägliches Leben besteht aus Frage und Antwort. Sie geben Impulse und erhalten Impulse. Sie beeinflussen und werden beeinflusst. Und mit Fragen geht führen ganz einfach. Vera F. Birkenbihl hat diese Grundregel einmal formuliert: „Wer fragt – führt."[60] Wer fragt, bestimmt die Richtung des Gesprächs, solange Sie ein „Ja" und positive Rückmeldungen bekommen.

## … „Ja!"

Holen Sie sich so viele Bestätigungen wie möglich ab, und Menschen werden Ihnen folgen. Je mehr „Ja" Sie erhalten, umso schwerer fällt es dem Gesprächsteilnehmer „Nein" zu sagen. Dieses Phänomen nennt man in der Sozialpsychologie „Kognitive Dissonanz"[61]. Je öfter ein angenehmer Gefühlzustand bestätigt wird, umso unangenehmer wird der gegenteilige Auslöser empfunden. Nach mehrmaligem „Ja" wird ein „Nein" als sehr unangenehm empfunden.

Jetzt stellen Sie sich einmal vor, Sie haben jemanden etwas gefragt, und bekommen ein „Nein" zur Antwort. Was macht das mit Ihnen? Sind Sie nicht sofort versucht, dagegen zu argumentieren? – Doch, beachten Sie, was das mit dem Gesprächspartner macht.

## … „Aber"

Streichen Sie das kleine Wörtchen „aber" aus Ihrem alltäglichen Wortschatz. Es gibt durchaus Situation, in denen Sie „aber" bewusst einsetzen können, falls Sie jemandem einmal deutlich widersprechen wollen.

„Aber" negiert alles, was jemand vorher gesagt hat. Probieren Sie es aus: „Was Sie mir vorgeschlagen haben, finde ich toll, aber …", „Ich mag Dich, aber … " Sie können sagen, was Sie wollen: das „aber" stellt alles, was Sie zuvor gesagt haben, zumindest in Frage.

Setzen Sie „aber" bewusst ein, um zu „spalten", um bewusst einen Kontrapunkt zu setzen. **Aber** das wird in ganz wenigen Fällen notwendig sein. Die Situationen, in der Sie kein „aber" benutzten sollten, sind unzählig.

## … „Nein"

Genauso überflüssig wie das „aber" im täglichen Gebrauch, ist das „Nein". Falls Sie Fronten aufbauen wollen, dann sagen Sie „Nein".

„Was Sie sagen" und „was Sie meinen" sind zwei vollkommen verschiedene Dinge. Stellen Sie sich vor, ein Mitarbeiter bittet Sie darum, seine Geburtstagsfeier zu besuchen. Sie haben einerseits keine Zeit und andererseits halten Sie es auch nicht für angemessen. Jetzt könnten Sie direkt „Nein, tut mir leid!" sagen oder aber „Ja, würde ich gern. Und ich denke, ich werden den anderen Termin nicht verlegen können." Schließlich haben Sie nichts Unpassendes gesagt – mit der gleichen Konsequenz und einer Begründung. Was glauben Sie, kommt besser beim Mitarbeiter an? Das grundsätzliche „Nein" oder optionale „Ja"?

Auch wenn Sie „Nein" meinen, sagen Sie „Ja, und …". Sie vermeiden Fronten und bleiben im Gespräch. Sie erreichen zumindest damit, dass die Tür für weitere Gespräche offen bleibt.

## … „Warum"

Sobald etwas nicht ganz erfolgreich war, frage ich nicht mehr nach dem „Warum". Ich habe mir das abgewöhnt, nicht nur um im Gespräch zu bleiben.

„Warum" ist zunächst mehrdeutig: Es gibt Menschen, die fragen „Warum" und meinen „Weshalb", „Wozu", Zu welchem Zweck. „Warum hast Du das gemacht?" Als Antwort erwarten sie dann „Beweggründe" oder einen Zweck. Sie fragen dann nach einer Absicht.

Doch die Meisten meinen, sobald sie „Warum" fragen, Ursachen, vielleicht sogar Verantwortung und Schuld. Diese sind alle in der Vergangenheit begründet: „Warum ist das schiefgelaufen?" Sobald ich nach Gründen in der Vergangenheit frage, bekomme ich unumstößliche Fakten genannt.

Was möchten Sie hören „Fakten" oder „Absichten"? Dann fragen Sie danach! Machen Sie das klar, indem Sie nicht mehr „Warum" fragen sondern: „Was war die Absicht?", „Zu welchem Zweck?", „Was ist geschehen?", „Was war die Ursache?" „Wer ist verantwortlich?"

Nach Fakten zu Frage ist nichts Schlimmes. „Das ist doch gut!", wird so mancher Leser meinen. Ja, und – ich kann Fakten nicht ändern! Das gefällt mir nicht, da bin ich viel zu optional!

Schauen Sie, ich bin gerne bereit Fakten zu hören, sobald es der Absicht dient, in Zukunft Störungen zu vermeiden. Ich will keine Fakten hören, welche mir Ursachen und Wirkungsketten aufzeigen, ohne dass ich einen Zweck damit verbinde. Ihr Qualitätsmanager weiß das, er verbindet einen Zweck mit der Analyse von Fakten.

Ich weiß, dass viele Menschen anders denken. Menschen hören gern Geschichten – und hier ist eine: Nach einem schlimmen Skiunfall, bei dem niemand anderes als ein Prominenter selbst beteiligt war, kommt dieser mit einem schweren Schädel-Hirn-Trauma ins Krankenhaus. Die Presse berichtet wochenlang und detailliert, „Experten" stellen Vermutungen über den möglichen Unfallhergang an. Doch niemand weiß Genaues: der Promi liegt im Koma und kein Mensch ist dabei gewesen. Welchen Zweck haben die Spekulationen? Welche Absicht verbinden die „Experten" mir ihren Analysen?

Als Führungskraft ist es in der Regel Ihre Aufgabe, zu entscheiden. Was wollen Sie ohne ein Analyseergebnis entscheiden? Es gibt meistens keinen Grund für eine wie auch immer geartete Vergangenheitsbewältigung.

„The best thing about the past is that it's over. The best thing about the future is that it's yet to come. The best thing about the present is that it's here now. "[62]

**„Das Beste an der Vergangenheit ist, das sie vorbei ist**. Das Beste an der Zukunft ist, dass sie noch kommt. Das Beste an der Gegenwart ist, sie ist hier und jetzt."

Warten Sie zunächst die Analyse der Fakten ab und entscheiden sich für zukünftige Verbesserungen – **im Jetzt**.

Da jeder nach bestem Wissen und Gewissen und mit der besten Absicht gehandelt hat, trifft die Schuldfrage wirklich niemanden. Wir kommen ja doch nur auf Kausalketten, welche bei der Erbsünde enden. Und falls Sie einen Verantwortlichen suchen: Wer hat die Verantwortung in dem Bereich, den Sie verantworten?

Sie erhalten die besseren Ergebnisse, sobald Sie fragen: „Was war Ihre Absicht?" „Wie haben Sie das gemacht und sind Sie mit dem Ergebnis zufrieden?" „Wie genau können Sie es das nächste Mal besser machen?"

Einen wichtigen Grundsatz habe ich immer beachtet: Wir sind ein Team. Deshalb habe ich Information allen Mitgliedern schnellstmöglich zur Verfügung gestellt. Sobald ich vom Vorstand, von meinem Chef oder vom Projektauftraggeber neue Informationen bekam, habe ich diese – wenn möglich – sofort und breit gestreut. Das war für viele Mitarbeiter neu.

Das Ergebnis hat gestimmt: Alle im Team sahen sich in der Verantwortung und auch mit den nötigen Informationen versehen, das Ziel zu erreichen.

Tipps

- **Fragen Sie mehr, als Sie antworten!**
- **Antworten Sie nicht *„Nein"* und *„Aber"*  
  – sagen Sie besser *„Ja, und …"*!**
- **Vermeiden Sie das kausale *„WARUM"*!**
- **Fragen Sie besser: *Wie machst Du's? Was ist Deine Absicht?***
- **Informieren Sie Ihr Team sofort und umfassend!**

Sobald Sie diese in diesem Kapitel beschriebenen fünf Grundsätze in Ihrer Kommunikation berücksichtigen, werden Sie die besseren Ergebnisse erhalten. Und Ihre Mitarbeiter bringen Sie mit Ihren „neuen" Fragen und Antworten in eine für alle günstige Ausgangsposition.

**Durch diese Grundsätze bringen Sie Ihre Mitarbeiter dazu, 100 % Verantwortung für die eigenen Handlungen, Absichten und Ergebnisse zu übernehmen.**

Probieren Sie es aus!

# Erkenne Dich selbst!

Es gibt Studien, die belegen, dass wir in Büchern nur ca. 15 % neue Informationen vorfinden. Der „Rest" ist Bekanntes, Kontext, Füllstoff.

Habe ich Ihnen viel Neues erzählt? Ich glaube nicht! Einiges, was ich Ihnen erzähle, sind altbekannte Weisheiten und zum Teil Selbstverständlichkeiten; zumindest sollten sie es sein.

Allein durch Nachdenken über die **6 Prinzipien positiver Menschenführung**, über die **6 Motivation**s- und **6 Informationsverarbeitungsstrategien** und den **6 logischen Ebenen**[63] werden Sie neue und erfolgreich anwendbare Erkenntnisse erhalten.

Es fehlte Ihnen bisher vielleicht nur eine einfache Sicht auf das große Ganze. Vielleicht war Ihnen das eine oder andere gar nicht mehr bewusst. Möglich ist, dass Ihnen der Zusammenhang neu ist! Es kann auch sein, dass Ihnen nur noch einmal das Offensichtliche bewusst wurde. Da jeder Mensch anders ist, gibt es da viele Sichten.

Doch wirklich neu sind einige Lehren nicht. Wie könnten Sie das auch sein; der Mensch ist in seinem Wesen kein anderes als das vor 100 Jahren, und es gab immer schon Menschen, die etwas vom menschlichen Wesen und seinen Strukturen verstanden haben.

So wussten Sie doch immer schon, als Führungskraft ...

- ∞ **sind Sie in erster Linie Vorbild.**
- ∞ **fragen Sie mehr als Sie antworten.**
- ∞ **hören Sie zu.**

Und das ist auch gut so! Wenn Sie Neues mit Bekanntem verknüpfen, fällt das Erlernen, das Erinnern leichter. Sie assimilieren den Stoff besser, nehmen ihn auf und akzeptieren ihn als Teil **Ihres** Wissens.

Ich hatte in einem meiner Projekte einen Mitarbeiter, Herr Merz, welchen ich im Meeting gebeten hatte, noch bei einer Linienaktivität außerhalb des Projektes mit zu unterstützen, bevor es mit der eigentlichen Projektarbeit losging. Um seine Motivations- und Informationsverarbeitungsstrategien kurz zu umreißen: Herr Merz war von außen, reaktiv, von weg, prozedural, gleichbleibend, bei Empfehlungen widersprechend motiviert. Er war aufgabenorientiert, Detail bezogen, selbst aufmerksam, konformistisch, überzeugte sich durch Hören, was öfters erforderlich war.

Sein Feedback auf meine Bitte war in etwa dieses: „Nein, das mache ich nicht! Das kenne ich noch aus dem alten Projekt. Dass das nur vorrübergehend sei, hat man uns dort auch gesagt. Und dann kamen wir aus dieser Nummer nicht mehr heraus."

Ich habe ihm noch im Meeting nur zwei Punkte erwähnt: wie wichtig seine Tätigkeit fürs Gesamtprojekt sei und dass wir darüber noch einmal reden würden. Nicht jetzt, nicht hier, nicht heute. Auch den Zeitpunkt hatte ich nicht genannt. Und dann hatte ich ihn mit seiner „Aufgabe" alleine gelassen.

Am nächsten Morgen traf ich ihn vor meinem Büro und er bat mich um ein kurzes Gespräch. Er begann so: Er wolle sich entschuldigen. Er habe die ganze Nacht darüber nachgedacht und „Sie haben da „etwas ganz Intelligentes" gesagt. Dass er da nicht selbst drauf gekommen sei - er könne sich selbst ohrfeigen. Es wäre ja klar, dass es wichtig sei, zuerst die Arbeiten in der Linie abzuschließen, ansonsten könnten wir ja nicht im Projekt beginnen.

Ich musste gar nichts mehr erklären. Ich sagte nur „Herr Merz, das freut mich. Wir reden dann heute Nachmittag noch einmal über Ihren

Einsatz." – Was wäre passiert, wenn ich am Tag zuvor darauf bestanden hätte, dass er meiner Bitte nachkommt?

**Die besten Kenntnisse,
die Sie einem Menschen geben können,
sind Selbsterkenntnisse.**

**Das Beste,
was Sie einem Menschen tun können,
ist Hilfe zur Selbsthilfe.**

Und dann darf „die Wahrheit", die Erkenntnis wohl nicht ganz so weit weg und außerhalb seiner Reichweite liegen.

Das ist ein wichtiger Punkt: **Veränderung ist einfach, wenn es nur eine kleiner Schritt ist.** Wenn ich Ihnen absolut brandneue Erkenntnisse präsentiere, auf welche Sie von alleine nie gekommen wären, was glauben Sie, wie Sie diese in Ihre Fähigkeiten und Ihr Wissen integrieren? Zunächst erst einmal gar nicht!

Daher ist es besser, Menschen in Ihrer Welt zu belassen und nur kleine Veränderungen anzuregen. Ein Schritt nach dem anderen.

Nachdem Sie einen Impuls oder eine Anregung gegeben haben, sollten Sie Mitarbeiter ruhig einmal mit einer Fragestellung allein lassen. Das fördert die Fähigkeit zur Selbsterkenntnis. Es führt dazu, dass Mitarbeiter Verantwortung übernehmen, dass sie selbständig anfangen zu lernen und mitzudenken.

Lassen Sie Mitarbeiter Zeit, auf Ihre Anregungen zu reagieren, sie zu verarbeiten. Wir wollen doch selbständig handelnde Mitarbeiter, die wir nicht ständig anleiten müssen, die wir nicht ständig kontrollieren müssen. Und vielleicht bemerken Sie schon jetzt: **Ein „minimalistischer Führungsstil" ist durchaus erforderlich, um nachhaltige Ergebnisse zu produzieren.**

# Es sind IHRE Mitarbeiter

Wann und wie bekommen Sie nun die Mitarbeiter, die Sie verdienen? – Bestimmt haben Sie bereits verstanden, dass Sie selbst dafür Sorge tragen. Das gesamte Buch ist eine Antwort auf diese Frage. Ich fasse das Wesentliche noch einmal zusammen:

Sie sind verantwortlich für alles, was Ihnen geschieht! Sie haben verstanden, dass Sie nicht Opfer der Umstände sind. So wie Sie sind, ist auch Ihre Welt. Sie sind der Impulsgeber!

Kurz vor einer Schlacht, die Truppe bereitete sich gerade auf einen Angriff vor, kam einer der Generäle zu Napoleon und gab zu bedenken: „Sire, die Umstände sind nicht optimal. Ich empfehle, den Angriff zu verschieben." Napoleon sah ihn an und erwiderte entschlossen: „Die Umstände nicht optimal? Hören Sie: Ich schaffe Umstände! Greifen Sie an!"[64]

Wenn Ihnen irgendjemand sagt, dass Sie etwas nicht tun können, weil die Umstände nicht richtig wären, die Gegebenheiten nicht ausreichend scheinen: Halten Sie es wie Napoleon. Beweisen Sie durch Ihr entschlossenes Handeln, dass Sie Ihre Welt erschaffen.

**Sie müssen Ihre Mitarbeiter nicht besser machen!** Was setzen Sie denn voraus, wenn Sie an „bessere Mitarbeiter" denken? Dass Ihre Mitarbeiter nicht gut genug wären.

**Ihre Mitarbeiter haben alles, was sie brauchen, um erfolgreich zu sein.** Ihr Verhalten ist von positiven Absichten bestimmt und sie handeln immer nach bestem Wissen und Gewissen.

Es ist Ihre Aufgabe, Ihre Verantwortung als Führungskraft, die Mitarbeiter so zu positionieren, dass diese ihre **Stärken einsetzen** können – finden Sie heraus, in welcher Umgebung das am besten funktioniert.

Doch zuvor **definieren Sie Ihre Erwartungen** und **kommunizieren Sie** diese an Ihre Mitarbeiter – **ständig**!

Sorgen Sie dafür, dass Mitarbeiter nicht planlos umherlaufen, sondern ein **klares Ziel** haben und **die passende Richtung** einschlagen. Ihre Mitarbeiter müssen jederzeit wissen, was Sie von ihnen erwarten.

Seien Sie ein Vorbild! Geben Sie Ihren Mitarbeitern einen Sinn; sie benötigen heute mehr denn je Orientierung.

**Um zu verstehen, brauchen Mitarbeiter für sie funktionierende Beispiele**; jeder möglicherweise andere! Denn jeder lebt in seiner eigenen Welt!

**Seien Sie neugierig!** Seien Sie auch darauf neugierig, was Ihnen Ihre Mitarbeiter an Feedback geben! Hören Sie zu und beobachten Sie!

**Achten Sie,** wenn Sie zuhören, **stärker auf das „Wie" als auf das „Was"**! Welchen **Wahrnehmung**skanal benutzen Ihre Mitarbeiter häufiger? Senden Sie in diesem Kanal zurück! Welche **Motivation**sstrategie hat der Mitarbeiter? Welche **Information**sverarbeitung bevorzugt er? Kommunizieren Sie so, dass er motiviert ist und die Informationen optimal aufnimmt!

Viele Führungskräfte meinen, sie müssten gute Fachleute sein, um zu verstehen, was ihre Mitarbeiter sagen. Nein, das müssen Sie nicht!

**Sie sind Führungskraft, sobald Sie Menschen dazu bewegen, etwas zu tun, was sie ohne Sie nicht getan hätten.**

Dazu brauchen Sie kommunikative Fähigkeiten. Fachwissen kann helfen – ist jedoch nicht Bedingung.

Ich hatte in den meisten von mir geleiteten Projekten nur wenig fachliche Kenntnisse. Sicher, ich habe hier und da etwas dazugelernt; doch meine besten Ergebnisse als Führungskraft habe ich in Projekten erzielt, in denen ich fachfremd war. Ich habe nur ein paar nützliche und ein paar wichtige Fragen gestellt. Dabei habe ich mehr darauf geachtet, wie die Mitarbeiter kommunizieren, mehr auf Strukturen, als auf das, was sie sagten.

Mit meinem Schwerpunkt auf Frage und Struktur habe ich manchmal Mitarbeiter angeregt, ihre Aufgaben neu zu bewerten und die Dinge anders zu machen. Das und meine Leidenschaft für Ideen und Menschen haben gereicht.

**Begeistern Sie Ihre Mitarbeiter und sich selbst für neue Ideen! Begeisterung ist der Motor für Veränderung.**

**Sobald Sie** ein Vorbild sind und an das Erreichen des Ziels glauben, **begeistert sind**, werden Ihre Mitarbeiter Ihnen folgen.

Die kurze Antwort auf die eingangs gestellt Frage „Wann und wie bekommen Sie nun die Mitarbeiter, die Sie verdienen?" lautet:

**Immer!** Und: **Indem Sie für sich und für die Entwicklung Ihrer Mitarbeiter Verantwortung übernehmen!**

**You go first!**

**Alles beginnt mit Dir!**

# Empfehlungen zum weiteren Studium

Wie versprochen möchte ich Ihnen noch Literatur, Hörbücher und Videos zur Vertiefung empfehlen. Schauen Sie zusätzlich noch in die Bibliographie: hier gibt es den einen oder anderen Hinweis auf zusätzliche Informationen in Fachbüchern oder im Internet.

## Neurobiologie und Lernen

Wenn Sie verstehen wollen, wie unser Gehirn arbeitet und worauf es beim Lernen ankommt, empfehle ich Ihnen die Werke dreier Autoren:

Da wären zunächst Werke von Prof. Dr. Dr. **Manfred Spitzer**. *Lernen : Gehirnforschung und die Schule des Lebens*. Korrigierter Nachdruck Heidelberg [u.a.]: Spektrum Akad. Verl., 2003. Dieses Buch ist sowohl für naturwissenschaftlich als auch geisteswissenschaftlich Interessierte Leser geeignet.

Empfehlen möchte ich auch seine DVD-Reihe im Auditorium Netzwerk, hier insbesondere die Mitschnitte seiner 15-minütigen Sendungen des Bayerischen Rundfunks: *Geist und Gehirn*. Müllheim: Auditorium Netzwerk, 2006.

Vom Neurobiologen **Prof. Dr. Gerald Hüther** gibt es auch Mitschnitte, welche im Auditorium Netzwerk erschienen sind. Hier habe ich bereits aus dem Vortrag: „Seelische Gesundheit - Stärkung von Selbstheilungskräften aus neurobiologischer Sicht. Müllheim: Auditorium Netzwerk, 2011" zitiert.

Sein Buch „Was wir sind und was wir sein könnten" - Ein neurobiologischer Mutmacher. Frankfurt am Main: S. Fischer, 2011 zeigt, wie wichtig Begeisterung fürs Lernen ist.

Von **Prof. Dr. Dr. Gerhard Roth** möchte ich Ihnen „ Aus Sicht des Gehirns. Originalausgabe, vollständig überarbeitete Neuauflage Frankfurt M.: Suhrkamp, 2009." empfehlen. In diesem Werk zeichnet Roth ausgehend von der modernen naturwissenschaftlichen Hirnforschung ein neues Menschenbild.

## Mensch und Welt

Drei Bücher möchte ich Ihnen empfehlen, um zu verstehen, dass und wie der Mensch seine eigene Welt erzeugt.

Das Buch von **Gregory Bateson**, *Geist und Natur : eine notwendige Einheit*. 1. Aufl. Frankfurt am Main: Suhrkamp, 1987. erklärt sehr wissenschaftlich, wie Menschen ihre individuelle Sicht, ihr „Modell von Welt" entwickeln. **Prof. Dr. Hans Peter Dürr** erklärt im Buch *Geist, Kosmos und Physik : Gedanken über die Einheit des Lebens*. Amerang: Crotona, 2010. sein Modell von Welt. Ich habe bereits im Text darüber berichtet.

Das Buch von **Heinz von Foerster** und Bernhard Pörksen *Wahrheit ist die Erfindung eines Lügners : Gespräche für Skeptiker. 5. Aufl. Heidelberg: Carl-Auer-Systeme-Verl., 2003* ist ein Wegweiser in die Welt des Konstruktivismus, der philosophischen und mittlerweile auch naturwissenschaftlichen Ansicht, dass wir unsere Welt erzeugen.

Dieses Buch in Form eines Interviews berührt viele Fragestellungen unter anderem auch das Managementprinzip der „Heterarchie" – im Gegensatz zur Hierarchie. Die Frage, welche Sicht auf Welt nun die richtige ist, wird im Buch so beantwortet: Von Foerster „Meine Behauptung ist, dass sich die Frage, ob wir von der Welt getrennt oder mit ihr verbunden sind, prinzipiell nicht endgültig klären lässt. [...] Wir können uns nur für eine dieser beiden Haltungen entscheiden und für unsere Wahl die Verantwortung übernehmen."[65].

## Kommunikation

Ganz besonders empfehlen möchte ich Ihnen das Buch von **Shelle Rose Charvet** *"Wort sei Dank von der Anwendung und Wirkung effektiver Sprachmuster 4. Aufl. Paderborn: Junfermann, 2007.*

Dieses Buch habe ich bereits im Text erwähnt. Es gibt Ihnen eine vertiefte Sicht auf Motivation und Informationsverarbeitung von Menschen – vor allem im beruflichen Kontext. Dieses Buch ist besonders für den Praktiker geeignet. Anhand der dort enthaltenen Checkliste habe ich mit sehr gutem Erfolg Vorstellungsgespräche durchgeführt und ausgewertet.

Den Klassiker von **Friedemann Schulz von Thun** *Miteinander reden: Störungen und Klärungen: Psychologie der zwischenmenschlichen Kommunikation. Originalausgabe. Rororo Sachbuch. Reinbek bei Hamburg: Rowohlt, 1981* empfehle ich immer noch. Das Buch zeigt Möglichkeiten, vermittelt Fertigkeiten der zwischenmenschlichen Kommunikation.

Ich möchte diesen Buch jedoch auffrischen, mit dem Werk von **Dr. Marshall B. Rosenberg** *Gewaltfreie Kommunikation: eine Sprache des Lebens ; gestalten Sie Ihr Leben, Ihre Beziehungen und Ihre Welt in Übereinstimmung mit Ihren Werten. Paderborn: Junfermann, 2005.* In Beispielen und Geschichten zeigt Rosenberg Lösungen alltäglicher Kommunikationsprobleme. Wichtig ist der eine Grundsatz: Kommunizieren Sie Wahrnehmungen, nicht Bewertungen!

## (Selbst-)Management

Das Buch von **Fredmund Malik**, *Führen, Leisten, Leben : wirksames Management für eine neue Zeit. Taschenbucherstausgabe. München: Heyne, 2001* ist mittlerweile ein Klassiker, welchen ich auch als Hörbuch empfehlen kann. Es hilft Ihnen mit konkreten Ratschlägen Ihren Arbeitsalltag als Führungskraft zu strukturieren.

Ebenfalls auch als Hörbuch gibt es von **Lothar J. Seiwert** *Wenn du es eilig hast, gehe langsam: mehr Zeit in einer beschleunigten Welt.* Frankfurt am Main [u.a.]: Campus, 2008.

Der erste, theoretische Teil informiert z.B. über Work Life Balance – der zweite Praxis-Teil ist für mich der wichtigere: Hier zeigt Ihnen Seiwert, wie Sie mit vier einfachen Schritten Ihr Zeitmanagement in den Griff bekommen.

**Ich wünsche Ihnen viel Spaß**

**beim Lesen, Anhören oder Anschauen!**

Ihr

**Rudolf Bojahr**

# Über den Autor

Rudolf Bojahr ist Profi im Bereich Positiver Menschenführung. Sein Motto lautet: "Menschen führen, als Mensch!"

In der Bundeswehr bildete er Grundwehrdienstleistende und Offiziersanwärter aus und leitete stellvertretend ein Dezernat im Personalwesen.

In Großprojekten war der studierte Informatiker und Physiker als Qualitäts- und Projektmanager zeitweise für mehr als 200 Mitarbeiter verantwortlich.

Als Manager einer großen Unternehmensberatung nahm er sowohl Themen- als auch Personalverantwortung wahr.

Der Coach und Kommunikationstrainer unterstützt Führungskräfte, ihre persönlichen Stärken einzusetzen und Mitarbeiter menschlich zu führen.

Rudolf Bojahr wird oft dort hinzugezogen, wo anderen die Ideen oder Kräfte fehlen. Gerade in scheinbar ausweglosen Situationen versteht er es, Menschen zu motivieren und in der Krise das vermeintliche Chaos zu ordnen.

http://www.rudolf-bojahr.de

# Bibliografie

„ASIMO by Honda | The World's Most Advanced Humanoid Robot". Zugegriffen 25. Januar 2014. http://asimo.honda.com/.

„Autorität". *Wikipedia*, 6. Dezember 2013. http://de.wikipedia.org/w/index.php?title=Autorit%C3%A4t&oldid=124923488.

Bandler, Richard. „Quotes From Richard Bandler, PhD". *Quotes From Richard Bandler*, 10. Januar 2014. http://www.yourdailylifecoach.com/richard-bandler.html.

Bateson, Gregory. *Ökologie des Geistes : anthropologische, psychologische, biologische und epistemologische Perspektiven*. [Frankfurt (Main)]: Suhrkamp, 1990.

Birkenbihl, Vera F. *Fragetechnik schnell trainiert: das Trainingsprogramm für Ihre erfolgreiche Gesprächsführung*. Landsberg am Lech: mvg-Verl., 1998.

———. *Stroh im Kopf? Gebrauchsanleitung fürs Gehirn*. Landsberg am Lech: mvg-Verl., 1996.

„Die 5 Axiome der Kommunikationstheorie von Paul Watzlawick", Juli 2013. http://www.paulwatzlawick.de/axiome.html.

„Die Methode auf einen Blick | Birkenbihl Sprachen", 2014. http://www.birkenbihl-sprachen.com/pages/die-sprachlern-methode.

Dilts, Robert. *Einstein : geniale Denkstrukturen und neurolinguistisches Programmieren*. Paderborn: Junfermann, 1992.

DILTS, ROBERT. *Coach to awakener*. 1st ed. NONE none. CAPITOLA, CA: META PUBLICATIONS INC, 2003.

*Doppelpendel mit Linearantrieb*, 2011. http://www.youtube.com/watch?v=ew-yP6uZbrU&feature=youtube_gdata_player.

*Double Pendulum on YouTube*, 2010. http://www.youtube.com/watch?v=U39RMUzCjiU&feature=youtube_gdata_player.

„Dr. Eckart von Hirschhausen - Medizinisches Kabarett - Glück", 2012. http://www.hirschhausen.com/glueck/die-pinguingeschichte.php.

Dürr, H.-P. *Das Lebende lebendiger werden lassen: wie uns neues Denken aus der Krise führt*. München: Oekom, 2011.

Dürr, Hans-Peter. „Wissen und ‚Wirks'". *DiePresse.com*, 2013. http://diepresse.com/home/diverse/zeichen/57169/Wissen-und-Wirks.

Dürr, Hans-Peter (Physiker). *Geist, Kosmos und Physik : Gedanken über die Einheit des Lebens*. Amerang: Crotona, 2010.

„Erich Kästner | Ausgewählte Gedichte @ WerthersWelt", 28. Dezember 2013. http://benwahler.tripod.com/kstngedicht.htm#mor.

Fleig, Jürgen. „Rückdelegation: Wer macht für wen die Arbeit?" *business-wissen.de*, 5. Januar 2011. http://www.business-wissen.de/artikel/rueckdelegation-was-ist-monkey-business/.

„Fremdsprachen lernen - Wie funktioniert die Rosetta Stone Methode", 2014. http://www.rosettastone.de/methode.

„Führungsstil". *Wikipedia*, 28. Dezember 2013. http://de.wikipedia.org/w/index.php?title=F%C3%BChrungsstil&oldid=123954611.

„George Bernard Shaw Quotes at BrainyQuote.com". *BrainyQuote*, 2013. http://www.brainyquote.com/quotes/quotes/g/georgebern101583.html.

Goorjian, Michael. *Shift - Das Geheimnis der Inspiration*. Carlsbad, Calif: Hay House, Inc., 2009.

„Harald Genzmer". *Wikipedia*, 24. Januar 2014. http://de.wikipedia.org/w/index.php?title=Harald_Genzmer&oldid=126610362.

Havener, Thorsten. *Ich weiss, was du denkst das Geheimnis, Gedanken zu lesen*. Reinbek bei Hamburg: Rowohlt-Taschenbuch-Verl., 2009.

„Henry Ford Quotes at BrainyQuote.com". *BrainyQuote*, 2014. http://www.brainyquote.com/quotes/quotes/h/henryford400461.html.

Hill, Napoleon. *The science of personal achievement*. New York, NY :: Simon & Schuster,, 1993.

Hinterhuber, Hans H. *Führen mit strategischer Teilhabe wie sich die Lücken zwischen Strategie und Ergebnissen schliessen lassen*. Berlin: Erich Schmidt Verlag, 2013.

*Hirschhausen: Das Pinguin-Prinzip...*, 2010. http://www.youtube.com/watch?v=Az7lJfNiSAs&feature=youtube_gdata_player.

Hüther, Gerald. *Seelische Gesundheit - Stärkung von Selbstheilungskräften aus neurobiologischer Sicht*. Müllheim: Auditorium Netzwerk, 2011.

„Jäger und Sammler". *brand eins Wirtschaftsmagazin*, 2006. http://www.brandeins.de/archiv/2006/leadership/jaeger-und-sammler.html.

„Kognitive Dissonanz". *Wikipedia*, 5. Januar 2014. http://de.wikipedia.org/w/index.php?title=Kognitive_Dissonanz&oldid=125252450.

Kruse, Peter. „nextpractice -Prof. Dr. Peter Kruse-Zur Person-Video-Statements-A Matter of Fact in a World of Values", 2014. http://www.nextpractice.de/unternehmen/prof-dr-peter-kruse/zur-person/video-statements/.

„Mastermind Alliances". *Napoleon Hill Foundation*, 2. Januar 2014. http://www.naphill.org/get-involved/starting-points/mastermind-alliances/.

„Nichtlineares System". *Wikipedia*. Inte: Wikipedia, 29. Dezember 2013. http://de.wikipedia.org/w/index.php?title=Nichtlineares_System&oldid=118157869.

„Ross Perot Quotes at BrainyQuote.com". *BrainyQuote*, 12. Dezember 2013. http://www.brainyquote.com/quotes/quotes/r/rossperot1620 14.html.

Slater, Robert. *„Wer führt, muss nicht managen": die unschlagbaren Erfolgsstrategien von Jack Welch*. Landsberg/Lech: Mi, Verl. Moderne Industrie, 1999.

Spitzer, Manfred. *Geist im Netz : Modelle für Lernen, Denken und Handeln*. Heidelberg [u.a.]: Spektrum Akad. Verl., 2000.

———. *Geist und Gehirn*. Müllheim: Auditorium Netzwerk, 2006.

———. *Lernen : Gehirnforschung und die Schule des Lebens*. Korrigierter Nachdr. Heidelberg [u.a.]: Spektrum Akad. Verl., 2003.

„Staat & Gesellschaft - Weiterbildung - Statistisches Bundesamt (Destatis)", 2013. https://www.destatis.de/DE/ZahlenFakten/GesellschaftStaat/ BildungForschungKultur/Weiterbildung/Weiterbildung.html.

„Varietät (Kybernetik)". *Wikipedia*. Internet: Wikipedia, 8. Mai 2013. http://de.wikipedia.org/w/index.php?title=Variet%C3%A4t_(K ybernetik)&oldid=116924135.

Von Foerster, Heinz. *Wahrheit ist die Erfindung eines Lügners : Gespräche für Skeptiker*. 5. Aufl. Heidelberg: Carl-Auer-Systeme-Verl., 2003.

Von Fournier, Cay. „Personalführung: 10 Tipps für den ‚perfekten' Chef", 25. Januar 2006. http://www.perspektive-mittelstand.de/Personalfuehrung-10-Tipps-fuer-den-perfekten-Chef/management-wissen/281.html.

„William Ross Ashby". *Wikipedia*. Internet: Wikipedia, 21. November 2013. http://de.wikipedia.org/w/index.php?title=William_Ross_Ashb y&oldid=116395087.

# Fußnoten und Anmerkungen

[1] Slides sind "gezogene" Töne, welche im Folk und Jazz eingesetzt werden. Der Ton wird, wie bei einer Sirene, hörbar von einem auf den benachbarten gewechselt. Sie werden in der klassischen Musik auch Glissandi genannt.

[2] „Harald Genzmer", Wikipedia, 24. Januar 2014, http://de.wikipedia.org/w/index.php?title=Harald_Genzmer&oldid=126610362.

[3] Peter Kruse, „nextpractice -Prof. Dr. Peter Kruse-Zur Person-Video-Statements-A Matter of Fact in a World of Values", 2014, http://www.nextpractice.de/unternehmen/prof-dr-peter-kruse/zur-person/video-statements/.

[4] „William Ross Ashby", Wikipedia (Internet: Wikipedia, 21. November 2013), http://de.wikipedia.org/w/index.php?title=William_Ross_Ashby&oldid=116395087.

[5] „Varietät (Kybernetik)", Wikipedia (Internet: Wikipedia, 8. Mai 2013), http://de.wikipedia.org/w/index.php?title=Variet%C3%A4t_(Kybernetik)&oldid=116924135.

[6] „Nichtlineares System", Wikipedia (Inte: Wikipedia, 29. Dezember 2013), http://de.wikipedia.org/w/index.php?title=Nichtlineares_System&oldid=118157869.

[7] Double Pendulum on YouTube, 2010, http://www.youtube.com/watch?v=U39RMUzCjiU&feature=youtube_gdata_player.

[8]**S**pezifisch: eindeutig definiert (nicht vage, sondern so präzise wie möglich), **M**essbar (Messbarkeitskriterien), **A**kzeptiert: von den Empfängern akzeptiert (angemessen, attraktiv, ausführbar, anspruchsvoll),

Realistisch: möglich sein, Terminiert: klare Terminvorgabe, bis wann das Ziel erreicht sein muss.

[9] Hans-Peter Dürr, „Wissen und ‚Wirks'", DiePresse.com, 2013, http://diepresse.com/home/diverse/zeichen/57169/Wissen-und-Wirks.

[10] Manfred Spitzer, *Geist im Netz: Modelle für Lernen, Denken und Handeln* (Heidelberg [u.a.]: Spektrum Akad. Verl., 2000).

[11] Vera F Birkenbihl, Stroh im Kopf? Gebrauchsanleitung fürs Gehirn (Landsberg am Lech: mvg-Verl., 1996).

[12] „George Bernard Shaw Quotes at BrainyQuote.com", BrainyQuote, 2013, http://www.brainyquote.com/quotes/quotes/g/georgebern101583.html.

[13] „Staat & Gesellschaft - Weiterbildung - Statistisches Bundesamt (Destatis)", 2013, https://www.destatis.de/DE/ZahlenFakten/GesellschaftStaat/BildungForschungKultur/Weiterbildung/Weiterbildung.html.

[14] Hans H Hinterhuber, Führen mit strategischer Teilhabe wie sich die Lücken zwischen Strategie und Ergebnissen schliessen lassen (Berlin: Erich Schmidt Verlag, 2013).

[15] Cay von Fournier, „Personalführung: 10 Tipps für den ‚perfekten' Chef", 25. Januar 2006, http://www.perspektive-mittelstand.de/Personalfuehrung-10-Tipps-fuer-den-perfekten-Chef/management-wissen/281.html.

[16] Ich möchte Ihnen diese Faustregel in Erinnerung rufen: Führen Sie mehr als sieben Vollzeit-Mitarbeiter (FTE = Full-Time-Equivalent) haben Sie als Führungskraft auch einen Vollzeit-Job!

[17] Eine genauere Definition finden Sie hier: Jürgen Fleig, „Rückdelegation: Wer macht für wen die Arbeit?", business-wissen.de, 5. Januar 2011, http://www.business-wissen.de/artikel/rueckdelegation-was-ist-monkey-business/.

[18] „Erich Kästner | Ausgewählte Gedichte @ WerthersWelt", 28. Dezember 2013, http://benwahler.tripod.com/kstngedicht.htm#mor.

[19] „Ross Perot Quotes at BrainyQuote.com", BrainyQuote, 12. Dezember 2013,

http://www.brainyquote.com/quotes/quotes/r/rossperot162014.html.

[20] Robert Slater, „Wer führt, muss nicht managen": die unschlagbaren Erfolgsstrategien von Jack Welch (Landsberg/Lech: Mi, Verl. Moderne Industrie, 1999).

[21] Doppelpendel mit Linearantrieb, 2011, http://www.youtube.com/watch?v=ewyP6uZbrU&feature=youtube_gdata_player.

[22] englisch: to conver – (ab)decken, (zu)decken

[23] „Die 5 Axiome der Kommunikationstheorie von Paul Watzlawick", Juli 2013, http://www.paulwatzlawick.de/axiome.html.

[24] Thorsten Havener, Ich weiss, was du denkst das Geheimnis, Gedanken zu lesen (Reinbek bei Hamburg: Rowohlt-Taschenbuch-Verl., 2009).

[25] „Autorität", Wikipedia, 6. Dezember 2013, http://de.wikipedia.org/w/index.php?title=Autorit%C3%A4t&oldid=124923488..

[26] „Führungsstil", Wikipedia, 28. Dezember 2013, http://de.wikipedia.org/w/index.php?title=F%C3%BChrungsstil&oldid=123954611..

[27] Situatives Führen, 2013. . Wikipedia.

[28] Transformationale Führung, 2013. . Wikipedia.

[29] Führungskompetenz, 2013. . Wikipedia.

[30] Die englische Sprache unterscheidet klarer und differenziert heute noch besser. Dort finden wir drei Arten des Müssens: das „ought to" beschreibt ein gesetzliches Muss, das „have to" ist ein anderes von außen auferlegtes Müssen und schließlich das „must", welches ein von innen heraus wirkendes Bedürfnis darstellt.

[31] Kant hat in als kategorischen Imperativ formuliert: „Handle immer so, dass die Voraussetzung Deiner Handlung Grundgesetz für Jeden sein kann."

[32] Wir werden noch später auf motivationale Elemente eingehen, hier

schon einmal vorab: es ist eine „hin zu", keine „von weg" Motivation erforderlich.

[33] Michael Goorjian, Shift - Das Geheimnis der Inspiration (Carlsbad, Calif: Hay House, Inc., 2009).

[34] Einer seiner Studenten baute ihn. „ASIMO by Honda | The World's Most Advanced Humanoid Robot", zugegriffen 25. Januar 2014, http://asimo.honda.com/.

[35] H.-P. Dürr, Das Lebende lebendiger werden lassen: wie uns neues Denken aus der Krise führt (München: Oekom, 2011).

[36] Hans-Peter (Physiker) Dürr, Geist, Kosmos und Physik : Gedanken über die Einheit des Lebens (Amerang: Crotona, 2010).

[37] Maslowsche Bedürfnishierarchie, 2013. . Wikipedia.

[38] FTE und MAK sind Begriffe der Personalplanung und Prozessoptimierung

[39] Andrew Carnegie, 2013. . Wikipedia.

[40] Napoleon Hill, 2013. . Wikipedia.

[41] Detaillierte Informationen zu Mastermind Alliances finden Sie bei der Napoleon Hill Foundation „Mastermind Alliances", Napoleon Hill Foundation, 2. Januar 2014, http://www.naphill.org/get-involved/starting-points/mastermind-alliances/.

[42] Übersetzt und frei zitiert nach: The science of personal achievement, 1993. Simon & Schuster, New York, NY.

[43] „Henry Ford Quotes at BrainyQuote.com", BrainyQuote, 2014, http://www.brainyquote.com/quotes/quotes/h/henryford400461.html.

[44] Open Door Policy ist ein Managementkonzept, bei dem die Führungskraft ihre Bürotür für Gespräche offen lässt, um Mitarbeiter zu Transparenz und Offenheit einzuladen.

[45] „Jäger und Sammler", brand eins Wirtschaftsmagazin, 2006, http://www.brandeins.de/archiv/2006/leadership/jaeger-und-sammler.html.

[46] „Dr. Eckart von Hirschhausen - Medizinisches Kabarett - Glück",

2012, http://www.hirschhausen.com/glueck/die-pinguingeschichte.php.

[47] Hirschhausen: Das Pinguin-Prinzip..., 2010, http://www.youtube.com/watch?v=Az7lJfNiSAs&feature=youtube_gdata_player.

[48] Charvet, S., 2007. Wort sei Dank von der Anwendung und Wirkung effektiver Sprachmuster, 4. Aufl. ed. Junfermann, Paderborn.

[49] Napoleon Hill, The science of personal achievement (New York, NY :: Simon & Schuster,, 1993).

[50] Gerald Hüther, Seelische Gesundheit - Stärkung von Selbstheilungskräften aus neurobiologischer Sicht (Müllheim: Auditorium Netzwerk, 2011).

[51] Vergessen: „Was Hänschen nicht lernt, lernt Hans nimmer mehr!" Einfach vergessen!

[52] Manfred Spitzer, Lernen : Gehirnforschung und die Schule des Lebens, Korrigierter Nachdr. (Heidelberg [u.a.]: Spektrum Akad. Verl., 2003).

[53] Ich selbst habe diese Methode nicht ausprobiert, hier und da gibt es auch Menschen, welche offensichtlich nicht mit ihr zu recht kommen. „Die Methode auf einen Blick | Birkenbihl Sprachen", 2014, http://www.birkenbihl-sprachen.com/pages/die-sprachlern-methode.

[54] Diese Methode habe ich selbst beim Italienisch und Russisch lernen ausprobiert und bin begeistert. „Fremdsprachen lernen - Wie funktioniert die Rosetta Stone Methode", 2014, http://www.rosettastone.de/methode.

[55] Manfred Spitzer, Geist und Gehirn (Müllheim: Auditorium Netzwerk, 2006).

[56] ROBERT DILTS, Coach to awakener, 1st ed, NONE none (CAPITOLA, CA: META PUBLICATIONS INC, 2003).

[57] Gregory Bateson, Ökologie des Geistes : anthropologische, psychologische, biologische und epistemologische Perspektiven ([Frankfurt (Main)]: Suhrkamp, 1990).

[58] Dass sie über den anderen Ebenen stehen, ist nicht wertend ge-

meint; Sie können die Aufzählung umkehren und wir sprechen dann von tieferen logischen Ebenen.

[59] Robert Dilts, Einstein: geniale Denkstrukturen und neurolinguistisches Programmieren (Paderborn: Junfermann, 1992).

[60] Vera F Birkenbihl, Fragetechnik schnell trainiert: das Trainingsprogramm für Ihre erfolgreiche Gesprächsführung (Landsberg am Lech: mvg-Verl., 1998).

[61] „Kognitive Dissonanz", Wikipedia, 5. Januar 2014, http://de.wikipedia.org/w/index.php?title=Kognitive_Dissonanz&oldid=125252450.

[62] Richard Bandler, „Quotes From Richard Bandler, PhD", Quotes From Richard Bandler, 10. Januar 2014, http://www.yourdailylifecoach.com/richard-bandler.html.

[63] 7 − 1 = 6: Das sind die 3 unteren Ebenen Umwelt, Verhalten und Fähigkeiten und die 3 obere Ebenen Ziele/Werte, Überzeugungen und Persönlichkeit. Die Spiritualität (- 1) setzen wir voraus.

[64] Hill, The science of personal achievement.

[65] Heinz Von Foerster, *Wahrheit ist die Erfindung eines Lügners: Gespräche für Skeptiker*, 5. Aufl. (Heidelberg: Carl-Auer-Systeme-Verl., 2003).